# Desenho Humano

## sem Complicação

# Desenho Humano sem Complicação

Desbloqueie seus pontos fortes e descubra seu verdadeiro propósito

Emma Dunwoody

ALTA BOOKS
GRUPO EDITORIAL

Rio de Janeiro, 2025

# Desenho Humano sem Complicação



ISBN: 978-85-508-2612-7

*Translated from original Human Design Made Simple. Copyright © 2024 by Emma Dunwoody. ISBN 9781846048265. First published as Human Design Made Simple in 2024 by Rider, an imprint of Ebury. Ebury is part of the Penguin Random House group of companies. Brazilian Portuguese language edition published by Alta Books. Copyright © 2025 by STARLIN ALTA EDITORA E CONSULTORIA LTDA.*

*Impresso no Brasil – 1a Edição, 2025 – Edição revisada conforme o Acordo Ortográfico da Língua Portuguesa de 2009.*

Dados Internacionais de Catalogação na Publicação (CIP)

D928d

1. ed. Dunwoody, Emma.

Desenho Humano sem Complicação : desbloqueie seus pontos fortes e descubra seu verdadeiro propósito / Emma Dunwoody ; tradução de Eveline Machado. — 1. ed. — Rio de Janeiro : Alta Books, 2025.

258 p.; 15,7 x 23 cm.

Título original: Human Design Made Simple.

ISBN 978-85-508-2612-7

1. Desenho humano. 2. Autoconhecimento. 3. Propósito de vida. 4. Tipos energéticos (Desenho Humano). 5. Autoridade interna (Desenho Humano). 6. Astrologia. 7. I Ching. I. Machado, Eveline, trad. II. Título.

CDD 158.1

**Índice para catálogo sistemático:**

1. Autoconhecimento : Propósito de vida — 158.1



**Produção Editorial:** Grupo Editorial Alta Books
**Diretor Editorial:** Anderson Vieira
**Vendas Governamentais:** Cristiane Mutüs
**Produtoras da Obra:** Beatriz de Assis & Viviane Corrêa

**Tradução:** Eveline Machado
**Copidesque:** Edite Siegert
**Revisão: Maria Carolina Rodrigues & Susane Schmieg**
**Diagramação**: Junior Santos

ALTA BOOKS
GRUPO EDITORIAL

Rua Viúva Cláudio, 291 – Bairro Industrial do Jacaré
CEP: 20.970-031 – Rio de Janeiro (RJ)
Tels.: (21) 3278-8069 / 3278-8419
**www.altabooks.com.br** – altabooks@altabooks.com.br
**Ouvidoria:** ouvidoria@altabooks.com.br

Editora **afiliada à:**

ASSOCIADO

*Para Cooper e Oscar, e todos que desejam uma vida livre e autêntica.*

# SUMÁRIO

# INTRODUÇÃO

Olá, belo humano…

Você está pronto para vencer no jogo da vida? Se a resposta é "sim", é hora de jogar fora as regras que vem seguindo e sair em busca de um manual diferente… feito sob medida para você, para ajudá-lo a ser a sua melhor e mais autêntica versão: seu Desenho Humano.

**Desenho Humano é um sistema que reúne a sabedoria espiritual ancestral e o conhecimento científico moderno para reescrever regras de sucesso, abundância, propósito, amor e vida para que *todos* sejam capazes de prosperar.**

A jornada para entender o seu Desenho Humano começa quando você gera um mapa baseado na hora e no local de seu nascimento, que oferece uma imagem detalhada de:

- Seu eu mais autêntico;
- O potencial específico que existe dentro de você;
- O propósito que você está aqui para cumprir;
- Quais superpoderes e ferramentas você tem à disposição;
- Como você é desenhado para ter sucesso e atrair dinheiro, amor, felicidade e realização;

- Como você pode tomar ações, decisões e buscar pessoas e ambientes que o levarão a uma vida bonita e gratificante para a qual foi Desenhado — e merece — para viver.

GERE O SEU MAPA DO DESENHO HUMANO GRATUITAMENTE

www.emmadunwoody.com [em inglês] ou

https://desenhohumanobrasil.com.br/

# MINHA JORNADA DO DESENHO HUMANO

Meu caminho para o Desenho Humano começou em um consultório médico há vinte anos, quando fui diagnosticada com depressão e transtorno de pânico. Essa notícia foi devastadora. Ainda mais perturbador foi o prognóstico de que eu nunca me curaria — que o melhor a fazer seria eu aprender a gerenciar a condição pelo resto da minha vida.

Foi um momento decisivo para mim, porque lidar com isso não era o bastante. Eu vivia com dor demais para aceitar que isso seria parte da minha vida para sempre. Eu tinha que ser mais do que aquele médico disse ser possível. Então, saí daquela consulta com uma missão: encontraria meu próprio caminho de cura.

O final feliz é que, com tempo, determinação e fé na minha capacidade de fazer melhor do que simplesmente lidar com a situação, eu *fiz* melhor. Eu *melhorei*. E curar minha mente e meu coração foi apenas o começo da exploração de todo o meu potencial.

Nas duas décadas seguintes, dediquei-me à ciência da felicidade e do sucesso, ao estudo do cérebro e do comportamento humano.

O que aprendi não só curou minha saúde mental, mas me deu as ferramentas necessárias para tomar decisões difíceis para minha própria felicidade e sucesso, como deixar uma carreira extenuante em publicidade, mudar de cidade, conquistar a certificação de Master Coach, iniciar meu próprio negócio e transformar minha relação com a família.

No decorrer da minha busca para curar, entender o comportamento humano e ajudar as pessoas com quem trabalhei como coach, descobri o Desenho Humano: uma ferramenta transformadora para compreender a si mesmo no nível mais profundo e experimentar os elementos que fazem você ser você, para criar a vida bela e significativa para a qual você é Desenhado — e merece — para viver.

Bem, eu estaria mentindo se dissesse que minha primeira experiência com o Desenho Humano foi uma epifania. A verdade é que, no início, achei difícil entendê-lo, com muita linguagem negativa e desanimadora.

Mas o Desenho Humano simplesmente não me deixava em paz — ele continuava entrando na minha vida, e mesmo com dificuldade para aceitá-lo no início, eu não podia negar que estava curiosa. Pensei: e se eu *pudesse* encontrar um caminho mais simples, mais positivo para o Desenho Humano, uma forma de pensar sobre este sistema complexo que pudesse ser convidativa em vez de esmagadora, empoderadora em vez de dogmática? Um incômodo visceral me dizia que as chaves do meu reino estavam esperando no domínio do Desenho Humano — eu só precisava saber como chegar lá.

E foi o que fiz.

Descobri que uma das principais especialistas em Desenho Humano da Austrália morava a poucos passos da minha casa em Sydney e que sua abordagem era muito mais alinhada com o tipo de experiência que eu procurava. Então apostei tudo — entrei em contato com ela e comecei uma experiência para encontrar meu próprio caminho para entender e trabalhar com o meu Desenho.

Comecei experimentando os dois elementos mais fundamentais: minha Estratégia e Autoridade (você aprenderá mais sobre a sua própria Estratégia e Autoridade na Parte 2 deste livro). Minha Estratégia me mostrou que eu prospero quando *respondo* às oportunidades que já estão presentes na minha vida, em vez de correr atrás de outras. Libertei-me da pressão de estar constantemente iniciando projetos e, como resultado, passei a trabalhar menos, conquistando mais facilidade e fluidez na vida.

Então passei a tomar decisões de acordo com minha Autoridade Emocional, o que me permitiu desacelerar e refletir sobre as coisas antes de dar a mim mesma ou aos outros uma resposta imediata. Notei que eu dizia "não" com mais frequência, o que significava que as coisas para as quais eu dizia "sim" eram as que eu realmente amava, não as que eu sentia que era esperado fazer para agradar outras pessoas.

Seguindo minha Estratégia e Autoridade, transformei meu trabalho e meus relacionamentos. Segui sua orientação no meu negócio e passei de um salário que me permitia apenas viver para um salário que me permite tocar uma empresa bem-sucedida que sustenta minha família.

Falando na minha família: permitir que os princípios do Desenho Humano influenciassem a minha abordagem parental abriu inúmeras oportunidades para eu orientar e capacitar melhor meus filhos.

Eu costumo analisar os Desenhos dos meus filhos em busca de indicação sobre como ser a melhor mãe para eles. Sabendo como ambos são Desenhados para aprender, compartilhei com eles como sua energia específica funciona e como lidar com ela. Entendo exatamente como eles precisam se sentir para serem mais encorajados e sei do que necessitam quando estão se sentindo perdidos ou desafiados.

Em uma época em que a depressão, a ansiedade e o suicídio estão em níveis nunca antes vistos entre os jovens, sei que meus filhos têm as ferramentas necessárias para cuidarem de si mesmos conforme enfrentam os desafios, e os elementos do seu Desenho os ajudam a praticar e construir autocompaixão e resiliência.

Adotar o Desenho Humano me mostrou que não estamos todos destinados a operar da mesma forma, e é por isso que seguir os conselhos de outras pessoas ou o caminho delas para o sucesso provê raramente o efeito desejado. Ele me ensinou que somos individualmente uma peça Desenhada com a perfeição de um quebra-cabeça cósmico maior e que o mais poderoso a fazer é desbloquear nossa sabedoria interior, abandonar as expectativas que a sociedade coloca em nós e deixar o caminho da conformidade para nos tornar nosso verdadeiro eu.

Desde que aprendi, compreendi e trabalhei com meu Desenho Humano, consegui construir a vida com a qual sempre havia sonhado, mas que não conseguia criar para mim.

Hoje, eu administro um bem-sucedido negócio global que ajuda pessoas de todo o mundo a descobrir e ativar seu potencial e acessar seu maior sucesso, segundo sua própria definição, em todas as áreas da vida. Meu horário de trabalho é definido em torno de minhas paixões e minhas preferências — trabalho três dias por semana e passo o resto do tempo fazendo coisas que amo, como me aventurar com minha família, viajar e montar Legacy, meu cavalo de adestramento.

Com o profundo autoconhecimento que o Desenho Humano me proporciona, tenho todas as ferramentas necessárias para enfrentar mudanças, desafios, novas oportunidades e desejos de uma forma que me parece autêntica, ativamente solidária e revigorante. Tenho profunda confiança em minha capacidade de lidar com qualquer coisa que a vida me traga.

O Desenho Humano tem sido o mapa do caminho — ou melhor, o mapa do tesouro que desbloqueou meu eu mais autêntico e mágico.

Agora eu quero compartilhar esse mapa com você por meio deste livro: é o recurso que eu gostaria de ter quando conheci o Desenho Humano anos atrás.

Meu caminho para o Desenho Humano foi longo e complicado. Mas o seu não precisa ser.

Sua jornada do Desenho Humano pode ser simples, direta e amparada desde o início. Este livro está aqui para ajudar e lhe fazer companhia ao longo da trajetória.

# COMO USAR ESTE LIVRO

Este livro foi criado para fazer exatamente o que diz na capa: tornar o Desenho Humano descomplicado. Não é tarefa fácil considerando um sistema que inclui centenas de componentes e sintetiza milhares de anos de sabedoria e ciência em mapas de energia complexos e individuais.

Mas, juntos, você e eu faremos acontecer. Ao longo do livro, detalharei tudo o que você precisa saber sobre Desenho Humano em explicações e conselhos fáceis de absorver — e você se dedicará totalmente, confiando no processo e aprendendo no seu próprio ritmo.

## ABRACE A EXPERIÊNCIA

Este livro não é um manual. É um guia de campo, planejado para ajudá-lo a circular no mundo, não para passar em um teste imaginário. Para aproveitar o máximo do que está aqui, você precisa abordar sua jornada do Desenho Humano como um experimento. Isso significa que haverá coisas que funcionam ou não para você. Significa que algumas coisas que dão certo para você agora não darão certo mais tarde, e vice-versa. Significa que você pode adaptar com criatividade o conhecimento e as sugestões deste livro de qualquer forma que lhe pareça boa, autêntica e em Alinhamento.

O objetivo do jogo é se divertir e descobrir o que é verdadeiro para você, descobrir seu eu mais autêntico, ou seja, quem você realmente é em essência, não quem o mundo lhe disse que é aceitável ser.

Descobrir o seu verdadeiro eu não acontece da noite para o dia; é provável que sua vida não mude imediatamente na primeira vez ou até mesmo na segunda vez que você experimentar seu Desenho. O que *mudará* sua vida é um compromisso de longo prazo para experimentar e evoluir seu Desenho, peça por peça.

## SUA JORNADA DO DESENHO HUMANO

Nestas páginas você encontrará:

- Tudo o que precisa para entender como o Desenho Humano funciona e por quê;
- Uma orientação passo a passo sobre os principais componentes do seu Desenho: Tipo, Estratégia, Autoridade e Perfil;
- Dicas práticas sobre como aplicar o novo autoconhecimento no seu dia a dia;
- Recursos extras para aprofundar seu Desenho após dominar os conceitos básicos.

> FAÇA UM DIÁRIO
>
> Recomendo fazer um diário ao longo de todo o processo com este livro para que você possa acompanhar o que é relevante e lhe parece verdadeiro, conforme inicia sua experiência única do Desenho Humano.

Por fim, antes de continuar, quero que você se lembre: este livro foi criado para simplificar a sua experiência do Desenho Humano. A palavra de ordem nessa frase é *sua*. A jornada que *você fará* com este livro e *sua* relação com o Desenho Humano é *sua*, então confie em si mesmo no processo. Preste atenção ao que parece verdadeiro, útil e autêntico para você. Não veja este livro como um conjunto de regras que você tem que seguir; veja-o como uma série de sinais que podem ajudá-lo a encontrar seu próprio caminho, escrever suas próprias regras, enfim, abrir a porta para *sua* autenticidade e grandeza… *sua* jornada única com o Desenho Humano.

# PARTE 1
# PRINCIPAIS CONCEITOS SEM COMPLICAÇÃO

# 1.
# O QUE É DESENHO HUMANO?

Desenho Humano é um sistema que reúne a ancestral sabedoria espiritual e o conhecimento científico moderno para reescrever as regras quando se trata de sucesso, abundância, propósito, amor e vida para que *todos* consigam prosperar. O Desenho Humano como o conhecemos hoje foi introduzido no mundo por um guru espiritual chamado Ra Uru Hu nos anos 1980 e baseia-se em quatro saberes antigos.

## ASTROLOGIA OCIDENTAL

A astrologia pode ajudá-lo a entender seu lugar neste mundo, mapeando sua conexão única com os movimentos dos corpos celestes.

Os astrólogos acreditam que quando você possui o conhecimento de como o Universo o influencia, decide como trabalhar com isso, não contra isso — especialistas em Desenho Humano também sabem que isso é verdade.

Como seu mapa astrológico do nascimento, seu Desenho é baseado na posição dos corpos celestes no momento do seu nascimento. Mas um gráfico do Desenho Humano pode levá-lo mais longe do que a astrologia, porque além de ver o que acontecia no céu na hora do seu *nascimento*, seu Desenho Humano leva em conta os eventos celestiais de um grande momento *no útero* — o momento em que sua alma entrou no corpo três meses antes de você nascer.

## SISTEMA DE CHACRAS

Com origem nas tradições hindu e budista, o sistema de Chacras traça os centros energéticos do corpo. Tradicionalmente, esse sistema se concentra nos sete Chacras principais, que descem pela coluna (Coronário, Terceiro Olho ou Frontal, Laríngeo, Cardíaco, Plexo Solar, Sacral e Raiz). O Desenho Humano expande essa lista de Centros energéticos de sete para nove, adicionando o Centro Esplênico e dividindo o Chacra Coronário em dois: Centro G e Centro do Coração, Ego ou Vontade.

Você aprenderá mais sobre os Centros no Capítulo 3.

## ÁRVORE DA VIDA CABALÍSTICA

A Árvore da Vida, que vem das tradições místicas judaico-cristãs, é um símbolo antigo de como o Universo foi criado — e como a energia continua a ser criada. Com o tempo, o diagrama da Árvore da Vida também se associou à evolução espiritual e energética em um nível mais individual.

A Árvore consiste em dez nós, representando os estágios espirituais e energéticos, ou as paradas ao longo do caminho para a iluminação espiritual e energética. Esses nós são conectados por linhas que representam o processo de passar de um estágio para o seguinte.

O Desenho Humano mapeia um movimento energético e uma evolução semelhantes ao que vemos representados na Árvore da Vida. No seu mapa do Desenho Humano, você verá linhas conectando seus Centros energéticos — chamamos isso de Canais e, como as linhas na Árvore da Vida, eles comunicam como a energia se move de um lugar para outro em seu corpo e sua aura.

## I CHING

I Ching é um texto chinês que remonta ao século VIII a.C. Seu nome se traduz em “Livro das Mudanças” — como o sistema de Chacras e a Árvore da Vida —, ele traça a mudança energética e a evolução.

Segundo o I Ching, os seres humanos são capazes de 64 tipos distintos de transformação, o que é conhecido como Hexagramas.

Seu mapa do Desenho Humano apresenta 64 Hexagramas também, que chamamos de Portas. Elas são os pontos de entrada e saída em cada Centro energético, e funcionam de forma diferente para cada pessoa. Você pode aprender mais sobre as Portas no Apêndice II/Material Extra: As 64 Portas.

Também há 64 componentes genéticos no DNA, sugerindo uma conexão profunda entre nossa composição energética e biológica.

## ENTÃO, QUAL É A NOVIDADE?

Neste ponto, você pode estar imaginando: *minha prática espiritual já incorpora um ou vários desses saberes ancestrais; o que o Desenho Humano tem a oferecer que eu já não tenho em minha prática atual?*

Ou pode estar se perguntando: *se o Desenho Humano é uma síntese de quatro ideias antigas, o que o torna relevante para minha vida agora?*

Bem, prepare-se... porque aqui está a parte surpreendente — o quinto componente final e crucial do Desenho Humano é a física quântica.

Ao contrário dessas disciplinas espirituais individuais, o Desenho Humano sintetiza exclusivamente os elementos da sabedoria antiga com essa ciência de ponta. Compreender o Desenho Humano não abre uma conexão vaga e metafórica com um poder superior; ele lhe dá ferramentas cientificamente comprovadas para explorar a energia muito real do Universo e seu impacto direto em você, em seu corpo e em sua vida.

Deixe-me explicar.

Física quântica é um campo científico que explora o comportamento de partículas subatômicas, como elétrons e fótons. Um de seus princípios fundamentais é a ideia de superposição. Você precisaria de um livro inteiro para se aprofundar no conceito da superposição, mas basicamente significa que partículas subatômicas podem existir simultaneamente em vários estados até serem observadas ou medidas.

O Desenho Humano argumenta que nosso modelo energético é influenciado pelo movimento das partículas subatômicas dentro de nossos corpos. A física quântica confirma isso — de acordo com a ciência, tudo no Universo, incluindo nossos corpos, é influenciado por essas minúsculas partículas chamadas neutrinos. Quando eles passam por você e pelos corpos celestiais, imprimem as energias de cada planeta em você. Essa impressão torna-se o seu mapa de nascimento ou astral.

Você pode considerar os elementos descritos no Desenho Humano, sobre os quais aprenderá neste livro, como a manifestação no nível macro da atividade quântica que ocorre dentro de nós.

### O QUE SÃO NEUTRINOS?

Os neutrinos são partículas subatômicas indefiníveis. O Sol produz cerca de 70% de todos os neutrinos que viajam por nosso sistema solar, enquanto os outros 30% são emitidos por outras estrelas da nossa galáxia e uma pequena quantidade vem do planeta Júpiter.

Em 1991, Ra Uru Hu, o fundador do Desenho Humano, afirmou que os neutrinos têm massa e, como substância energética que viaja pelo Universo, eles têm a capacidade de conectar os seres humanos à energia maior dele, fundamentando a ciência por trás do Desenho Humano. A ciência convencional só chegou à ideia de que os neutrinos têm massa quase vinte anos após a publicação de Ra, quando Takaaki Kajita e Arthur B. McDonald receberam o Prêmio Nobel por descobrirem as oscilações dos neutrinos, o que mostra que eles têm massa.

Agora voltemos à ideia de superposição na física quântica. A superposição se alinha com certos aspectos do Desenho Humano. Lembra como as partículas podem existir em múltiplos estados ao mesmo tempo? Bem, nós também podemos, energeticamente falando. O Desenho Humano sugere que somos uma combinação de diferentes tipos de energia, Centros e Canais. Esses diferentes aspectos podem se unir de formas únicas para criar o nosso Desenho individual. É como uma sinfonia de energias, todas fazendo sua parte simultaneamente. Ao combinar esses fatos básicos sobre física quântica e as verdades pessoais que você descobrirá em seu mapa, será possível aceitar — e até mesmo encontrar poder — as múltiplas energias conflitantes atuando em você o tempo todo.

E, assim como observar ou medir as partículas transforma seu comportamento ondulatório em um estado específico, o Desenho Humano reconhece que nossas experiências e condicionamentos podem influenciar a forma como nosso projeto energético se manifesta. Sugere que o condicionamento social, as influências sociais da família, de amigos, vizinhos e colegas, bem como nossas próprias escolhas moldam nossos Centros de energia e a forma como nos expressamos no mundo. De certa forma, é como se nossa consciência consciente transformasse as probabilidades e os potenciais do nosso Desenho energético em uma expressão específica.

Mas existe também outra forma de ser.

Só porque você é quem o mundo fez de você não significa que *nasceu* para ser assim ou quem você é agora é tudo o que pode ser.

O que você foi condicionado a ser e o que foi Desenhado para ser são versões diferentes e simultaneamente existentes de você. A grande experiência do Desenho Humano é o ato de abrir a caixa, ver a vida como ela é e aceitar a realidade de quem você nasceu para ser acima do condicionamento forçado de quem você é neste momento incompleto. Esse descondicionamento, ou "recondicionamento" como gosto de chamar, é a resposta final para descobrir seu verdadeiro potencial, rejeitando o que lhe foi dito, apropriando-se do que é verdadeiro para você no nível da alma, a fim de que você possa ter uma vida plena.

# 2.

# O QUE O DESENHO HUMANO PODE FAZER POR MIM?

Agora que você entende os fundamentos absolutos do Desenho Humano e de onde ele veio, pode estar se perguntando: *Certo, e agora? O que esse sistema complexo com todos os seus elementos esotéricos e científicos tem a ver comigo, uma pessoa tentando encontrar seu caminho no mundo? Como entender todos esses temas elevados pode me ajudar a ter uma vida mais plena agora?*

A resposta é muito mais simples do que se imagina: você *não* precisa entender tudo isso para começar a experimentar o Desenho Humano.

Pelo contrário, você deve confiar que tem todas as respostas necessárias dentro de si. Confie que este livro lhe ensinará como acessar essas respostas para que possa assumir com propósito a vida Desenhada para você viver, e que você merece.

**O Desenho Humano pode ajudá-lo a se libertar da pressão da sociedade e a descobrir o seu brilho único.**

Em vez de tentar "acertar" — em sua jornada do Desenho Humano ou na vida em geral —, eu o convido a tomar uma Ação Imperfeita em direção aos seus sonhos todos os dias. Lembre-se de que você está sempre ganhando ou aprendendo — nunca fracassando.

## FALANDO SOBRE ALINHAMENTO E AUTENTICIDADE

No decorrer deste livro, falo frequentemente sobre se alinhar ou viver/agir/entrar em "Alinhamento" com seu Desenho.

O que quero dizer com isso é simples: Alinhamento é a sensação de identificação, calma e fluxo que você sentirá quando seguir a orientação do seu Desenho Humano.

Essa orientação depende de sua composição energética única e, conforme você trabalhar na Parte 2 deste livro, terá a chance de se aprofundar em qual tipo de orientação você está Desenhado para usar quando se trata de como tirar o máximo de sua energia, definir limites em torno de seus dons, lidar com seus desafios, descobrir o que parece certo para você, tomar decisões que lhe sirvam e muito mais.

Note que agir em Alinhamento com o seu Desenho não significa seguir cegamente as orientações deste livro ou qualquer outra orientação de Desenho Humano. Trata-se de pegar a estrutura e os detalhes do seu Desenho e experimentá-los, incorporando-os e integrando-os além da mente voltada para o aprendizado e no corpo físico. Então, você começa a ver mais do que deseja e menos do que não deseja. É pegar o que você descobre — as novas escolhas, os comportamentos e os conhecimentos que seu Desenho fornece — e deixar que isso lhe permita viver de uma forma que lhe pareça correta, em vez de agir e viver à mercê das ideias de outra pessoa sobre quem e como você deveria ser.

Outra palavra que usarei muito neste livro é "autêntico".

Quando falo de autenticidade no contexto do Desenho Humano, estou falando do seu eu mais verdadeiro e natural, a pessoa por trás do condicionamento e por baixo da máscara. A versão para a qual você nasceu — foi *Desenhado* — para ser, antes de o condicionamento social dizer que o sucesso e a felicidade são ditados pela sua capacidade de se encaixar, correr e competir.

Você é extraordinário, mesmo que seu ego e crítico interior lhe digam o contrário. Você importa e este planeta precisa que você prospere para que todos possamos prosperar. Autenticidade é sobre quebrar as regras que você foi ensinado a seguir e jogar com as suas próprias.

Você foi Desenhado especificamente para viver de uma forma muito única e, assim, irá prosperar em todas as áreas da sua vida: carreira, relacionamentos, bem-estar, dinheiro e riscos. Você conhecerá seus superpoderes, dons e talentos; os outros amarão receber tudo o que você tem para dar, e você mesmo terá muito para si.

Agora é a hora de parar de entregar seu poder aos outros e se permitir uma vida com propósito, onde se sinta importante e provoque impacto, uma vida na qual ***você*** é o personagem principal do seu filme, amando-*se*, confiando e se aceitando profundamente. Uma vida gratificante e guiada pelo coração.

Sei que aceitar seu brilho, ou até mesmo descobrir como vê-lo, não é uma tarefa fácil. Vivemos em um mundo que nos diz quem devemos ser desde o momento da concepção. Uma vez nascidos, ouvimos, vemos e aprendemos como receber amor, quem precisamos ser para sermos cuidados, o que precisamos fazer para nos encaixar e como precisamos nos comportar para receber amor. Isso se chama condicionamento.

## RECONDICIONE SUA MENTE

O Desenho Humano oferece um caminho para ajudá-lo a sair do seu condicionamento e viver com autenticidade.

"Recondicionamento" é o processo em que você começa a se libertar das pressões sociais, das expectativas e das influências que moldaram seu comportamento e decisões (esses fatores externos "condicionam" seu subconsciente para criar comportamentos inautênticos, orientados para receber amor, nutrir e pertencer — mas criando hábitos que não lhe servem e levam a relações e experiências desafiadoras).

Recondicionar é sobre entrar em contato com seu verdadeiro e autêntico eu, e fazer escolhas que se alinham com sua própria orientação interna e autoridade, em vez de seguir o que lhe foi dito que você deveria fazer ou ser. É sobre encontrar o seu caminho autêntico e viver de uma forma que parece certa para você, em vez de tentar se encaixar nos moldes de outra pessoa.

Quando você assume seu Desenho Humano, quando aceita que há muito mais em jogo no mundo — no Universo — que as regras sociais que você foi condicionado a seguir e as visões de sucesso que foi condicionado a buscar são falsas, é no momento em que realmente começa seu experimento do Desenho Humano.

Ajudar você a recondicionar é a função básica do Desenho Humano — *é* tudo o que tem a ver com você. Até agora, você provavelmente tem agido como se precisasse se encaixar no mundo, porque foi condicionado a ver as coisas que o tornam único como deficiências e problemas. Mas, por meio do recondicionamento, e ao adotar seu Desenho único, você aprenderá que não precisa se encaixar no mundo — você já é uma parte essencial e valiosa dele, exatamente como você é.

SUA IMPORTÂNCIA

Gosto de pensar no planeta Terra e em toda a vida como um quebra-cabeça intrincado em que cada peça faz sua parte para contribuir com o todo. Até a menor peça é importante. Ela precisa ser exatamente como foi desenhada ou o quebra-cabeça e o planeta Terra estarão incompletos. Cada peça é única e igualmente importante. Você é uma dessas peças essenciais do quebra-cabeça, e a única forma de unir este planeta é com cada peça sendo exclusivamente ela mesma.

> Você pode ser uma pequena peça do quebra-cabeça, mas seu potencial é tão infinito quanto o Universo e assim que você aceitar a orientação do seu Desenho Humano — sua grandeza, sua força poderosa e imbatível — estará livre e equipado para a vida que lhe foi destinada, contribuindo de modo mais significativo para o mundo ao seu redor.

A beleza do Desenho Humano é que ele é micro e macro — o Universo pode ser grande, mas como ele deixou sua marca em você no nascimento, existe e funciona dentro de você, ao seu redor e além de você.

## EMPODERE-SE PARA COCRIAR COM O UNIVERSO

A energia que criou todo o Universo é a mesma energia que flui em você. Isso significa que o poder de que você precisa para transformar sua vida é o mesmo poder necessário para criar o Universo.

Pare um pouco para assimilar: *o poder de que você precisa para transformar sua vida é o mesmo poder necessário para criar o Universo.*

E esse poder já está dentro de você — ele foi codificado em seu Desenho antes de você nascer.

Ao aceitar os elementos do seu Desenho e deixar que ele o guie na vida que sempre esteve alinhado para ter, você irá ao encontro de uma relação mais harmoniosa e eficaz com o Universo que o criou. Na verdade, estará dizendo ao Universo que você está pronto para terminar o que começou — seguir o mapa que ele lhe deu em direção ao seu tesouro e à sua vida única e maravilhosa desde o momento em que suas primeiras partículas passaram a existir.

Quando se trata de reconhecer o que o Desenho Humano pode fazer por você, a pergunta mais impactante não é "Como o Desenho Humano é relevante para minha vida?", mas "Como o Desenho Humano me dá as ferramentas para cocriar com o Universo, para o meu bem pessoal mais elevado e também para o bem de todo o planeta?"

Você provavelmente não ficará surpreso ao saber que há infinitas respostas para essa pergunta. O Desenho Humano pode ajudá-lo a buscar a carreira mais gratificante, ele pode ajudá-lo a identificar e viver seus valores pessoais, e mostrar-lhe como cuidar melhor de quem você ama. Pode ajudá-lo a definir seu estilo de gestão, descobrir como atrair mais dinheiro e sucesso, determinar como criar melhor seus filhos. O Desenho Humano pode ajudá-lo a descobrir o tipo de vida que faz você se sentir mais confortável, os relacionamentos românticos e as amizades que você quer ter, como cuidar melhor da sua própria saúde e muito mais.

Pode permitir identificar seus maiores medos e obstáculos, bem como os superpoderes que o ajudarão a superar esses desafios e transformá-los em seus maiores dons.

Todas essas pequenas respostas escalam para algo maior: o Desenho Humano pode ajudá-lo a viver seu propósito único *na* vida.

## VIVER *COM* PROPÓSITO *DE* PROPÓSITO

O segredo para usar o Desenho Humano no desbloqueio do seu propósito é primeiro reconhecer que ele sempre fez parte de você, desde o primeiro dia. Você só tem que "conhecer a ti mesmo", como disse o filósofo Sócrates, e começar a trabalhar com o que já está dentro de você, em vez de olhar para o resto do mundo lhe dizendo quem é você e o que funciona melhor para você.

Como somos condicionados a acreditar que precisamos sair por aí fazendo sucesso em todas as áreas da nossa vida, no lugar de defender o poder que já temos, muitas vezes vamos *à procura* do nosso propósito. Pedimos que outras pessoas nos digam o que ele é. Recorremos a orientadores vocacionais, a nossos líderes espirituais, a nossos mentores.

Mas a verdade é que seu propósito não vem do que as outras pessoas dizem. Vem do que já está dentro de você, esperando para ser ativado e amplificado no volume máximo no segundo em que você começa a tomar decisões alinhadas.

O Desenho Humano lhe dá o conhecimento que você precisa para se permitir ser guiado por sua própria sabedoria interna e intrínseca — seu Desenho lhe mostra o mapa para viver aquilo que você nasceu para ser e fazer. Pense no seu Desenho Humano como os óculos que você nunca soube que precisava; o seu Desenho é a lente necessária para esclarecer seu propósito. Pode levar algum tempo para ajustar a visão, mas garanto que, assim que você conseguir captar o que está olhando, não só terá uma ideia mais clara de onde você está, como será capaz de ver melhor para onde está indo. Quanto mais você olhar para si mesmo e para seu mundo através da lente do seu Desenho único, mais entenderá o seu propósito exclusivo de vida e como você está Desenhado para prosperar.

Quanto mais profundamente você se comprometer a descobrir e experimentar seu Desenho Humano, não só verá seu propósito mais claramente, como também decodificará um mapa detalhado para saber como chegar lá. E perceberá que o destino nunca foi uma visão externa de sucesso — você sempre foi Desenhado para prosperar conhecendo e respeitando sua alma. Seu Desenho Humano é o mapa para descobrir e ativar a oferta única da sua alma para este mundo.

Conforme avançar na leitura deste livro, você aprofundará seu conhecimento de como o Desenho Humano funciona e construirá uma relação profissional com seu mapa único do Desenho Humano. Em sua jornada de Desenho Humano, os segredos para circular neste mundo *de* propósito e *com* propósito começarão a ficar claros. E, com o tempo, se continuar comprometido com seu experimento pessoal no Desenho Humano, agir em Alinhamento com seu Desenho e seu propósito se tornará algo instintivo.

# 3.

# LENDO SEU MAPA

Seu Desenho Humano é seu projeto energético, um mapa para sua alma e a chave para o seu propósito de vida. Ele engloba tudo dentro de você — desde a menor partícula subatômica do corpo até a aura energética que se estende além de você e interage com o mundo ao redor — e tudo o que você pode ser.

Acesse todo esse conhecimento, comece a jornada para entender o que significa e como agir por meio do mapa do Desenho Humano.

O QUE É UM MAPA DO DESENHO HUMANO?

Como um mapa astrológico, seu mapa do Desenho Humano é gerado com base na hora e no local do seu nascimento, mas ele é *muito mais* do que uma imagem de como o céu estava quando você nasceu e de como isso afeta suas experiências e sua personalidade.

Em vez disso, seu mapa do Desenho Humano lhe oferece uma imagem cristalina do seu Desenho Humano único, incluindo o seu Alinhamento astrológico, e também um *insight* sobre sua aura energética e tipo, a energia que atua em seu corpo físico, emocional e espiritual (por exemplo, como mover melhor seu corpo, processar as emoções e acessar seus superpoderes), seu estilo de comunicação etc.

Nas páginas seguintes, detalharei todos os componentes de um mapa do Desenho Humano para que você possa se orientar ao ver o seu:

- Como gerar seu mapa e o que fazer com ele depois;
- Os nove elementos-chave do seu Desenho;
- Onde encontrar cada elemento no mapa;
- Em quais áreas da vida cada elemento do Desenho pode ajudá-lo;
- Onde encontrar mais informações sobre cada elemento neste livro e em outros lugares.

## COMO POSSO GERAR MEU MAPA?

Existem muitas plataformas gratuitas online que você pode usar para gerar seu mapa do Desenho Humano. Todos os mapas costumam ser iguais, mas o layout, a linguagem e o esquema de cores podem variar.

Para manter a sua jornada neste livro a mais simples e direta possível, recomendo gerar seu mapa no meu site, assim estaremos sempre sintonizados no que se tratar da linguagem e do layout.

Você precisará de:

- A data, a hora e o local do seu nascimento;
- Um dispositivo onde possa salvar seu mapa e/ou uma impressora — tenha em mente que você desejará consultar seu mapa regularmente conforme avançar na leitura.

SEU MAPA ESTÁ ESPERANDO POR VOCÊ

Gere seu mapa do Desenho Humano agora:

Acesse **www.emmadunwoody.com** [em inglês] ou **https://desenhohumanobrasil.com.br/**.

## E SE EU NÃO SOUBER A MINHA HORA DE NASCIMENTO?

Para gerar um mapa do Desenho Humano preciso, é necessário saber a hora e o local do seu nascimento. Como o seu mapa é uma planta do projeto que o Universo deixou em você no momento em que veio ao mundo, os detalhes desse momento são essenciais.

Se você não souber a hora em que nasceu, veja sua certidão de nascimento — é bom ter uma cópia para o seu próprio bem! Se, por qualquer razão, a sua hora de nascimento não estiver indicada na certidão, você pode contatar o hospital onde nasceu e pedir o seu registro de nascimento ou pode perguntar a seus pais, ou a outro membro da família que estava presente (embora a hora possa não ser perfeitamente precisa, podendo afetar a eficácia do mapa).

Você também pode estimar sua hora de nascimento com base em qualquer conhecimento disponível ou até mesmo procurar astrólogos que se especializam em retificação dessa hora para fazer uma referência cruzada dos principais eventos em sua vida com os eventos astrológicos que ocorreram ao mesmo tempo. Ambas são opções a serem usadas em último caso, pois provavelmente não resultarão em uma resposta exata, mas ainda podem ser informações úteis.

Se você não conseguir mesmo recuperar a sua hora de nascimento, pode inserir várias horas ao longo do dia e anotar quaisquer alterações importantes em seu Tipo, Autoridade, Perfil e Estratégia, então usar as informações neste livro para ver o que é mais relevante para você e o que parece verdadeiro. Você pode não conseguir precisão absoluta, mas ainda assim poderá lidar com seu Desenho usando sua intuição e experiência.

> Meu mapa do Desenho Humano mostrou imediatamente as áreas nas quais tenho problemas e me ofereceu orientação prática para interromper isso. Sou um tipo bem incomum e venho tentando me encaixar em padrões convencionais que funcionam para muitas pessoas, incluindo os membros da minha família. Mas isso realmente me exauriu.
>
> O Desenho Humano está me mostrando que há um jeito melhor de seguir minha rotina e valorizar a variedade humana em outras pessoas e em mim mesmo. Eu nunca me interessei por astrologia antes, e sinceramente esse aspecto ainda não é aceitável para mim, mas meu mapa é tão interessante e "me entende" tanto que não me importo. Estou aprendendo tudo e amando!
>
> — Bernie

## QUAIS INFORMAÇÕES ENCONTRAREI NO MEU MAPA?

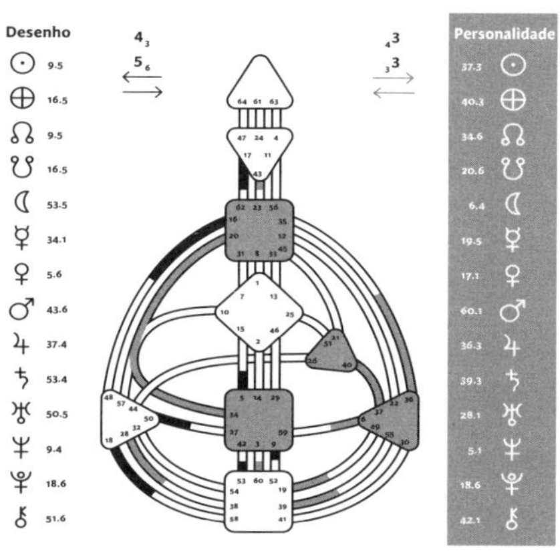


| | |
|---|---|
| **Nome** | Emma Dunwoody |
| **Tipo** | Gerador Manifestante |
| **Estratégia** | Responder |
| **Autoridade Interna** | Emocional – Plexo Solar |
| **Definição** | Definição Partida |
| **Perfil** | 3/5 |
| **Cruz de Encarnação** | Cruz em Ângulo Reto do Planejamento (37/40 \| 9/16) |
| **Assinatura** | Satisfação |
| **Tema Não Eu** | Frustração |
| **Assimilação** | Calma |
| **Sentido** | Meditação |
| **Sentido do Desenho** | Visão Externa |
| **Motivação** | Desejo |
| **Perspectiva** | Poder |
| **Ambiente** | Vales |

Ao gerar seu mapa, verá que ele é dividido em duas partes.

À esquerda, a imagem lembra uma matriz de formas (são os seus Centros) conectadas por uma série de linhas. Essa imagem é chamada de gráfico corporal; é uma representação visual de como a energia se manifesta e flui pelo corpo, segundo seu Desenho único.

No lado direito do gráfico, você verá uma tabela com a interpretação de todas as ricas informações visuais que estão à esquerda. O texto informa em termos simples, com base no que existe em seu gráfico corporal, as principais coisas que você precisa saber para o seu experimento de Desenho Humano.

SEU MAPA ÚNICO

Existem mais de 2 bilhões de combinações possíveis dos elementos em seu mapa. Basta imaginar tudo o que teve de acontecer para unir seu Desenho e ***você*** exatamente como você é!

Gosto de pensar que essa figura destaca ao mesmo tempo como somos únicos e também nos lembra que nenhum de nós está realmente sozinho. Com 8 bilhões de pessoas no planeta, pode ser reconfortante saber que em algum lugar alguém é Desenhado para ver a vida da mesma forma que você.

Neste livro, nos concentraremos em quatro elementos-chave:

- Tipo;
- Estratégia;
- Autoridade;
- Perfil.

Dominar esses quatro elementos serve como base para sua jornada do Desenho Humano.

Iremos detalhá-los:

# TIPO

Seu Tipo no Desenho Humano lhe dá a informação mais básica sobre como você é Desenhado e como interage energeticamente com o mundo.

Existem cinco Tipos no Desenho Humano:

1. Os **Manifestadores** são guiados por uma vontade criativa de iniciar e inspirar ação nos outros.
2. Os **Geradores** constroem grandes coisas quando estão alegres e animados com um trabalho que amam.
3. Os **Geradores Manifestantes** são exemplos de super-humanos do potencial humano.
4. Os **Projetores** veem profundamente o outro e orientam maiores eficiências.
5. Os **Refletores** refletem a verdade de pessoas e grupos.

O Tipo é uma ferramenta fundamental para entender como circular pelo mundo de uma forma autêntica e acolhedora, mas você não está ligado a nada por causa do seu Tipo.

O Tipo é um método incrivelmente útil para entender os componentes principais do seu Desenho e desbloquear o que faz você ser você. Mas pense nisso como uma ferramenta, não uma diretiva. O Tipo não é tudo ou nada, nem uma prescrição para quem você é ou tem que ser; é um poderoso ponto de partida que pode lhe dar uma visão essencial sobre como se mostrar no mundo como seu eu mais verdadeiro e mais empoderado.

Na Parte 2, iremos nos aprofundar mais em desvendar seu Tipo e como ele pode ajudá-lo a ter uma vida mais autêntica. Na seção Tipo da Parte 2, também cobrimos sua Estratégia, bem como seus Temas Assinatura e Não Eu.

## ESTRATÉGIA

Sua Estratégia diz como você é Desenhado para interagir com o mundo.

Ela é determinada por seu Tipo; esses dois elementos do seu mapa estão inexoravelmente ligados porque, juntos, o Tipo e a Estratégia definem como podemos abandonar conscientemente nossos condicionamentos e conhecer a nossa própria verdade autêntica.

Veja um resumo básico de cada Estratégia:

**Os Manifestadores iniciam e informam.** Você permite que seu fluxo de criatividade o guie para algo novo e faça com que ganhe vida. Pode não parecer natural informar os outros sobre o que você está fazendo, mas lembre-se de que isso não é pedir permissão, é declarar uma intenção e abrir caminho para a criatividade fluir. Pense nisso como declarar a direção da sua energia.

**Os Geradores respondem a algo externo,** como pessoas, oportunidades, sincronicidades e sinais. Anote seus pensamentos íntimos e orientação, e mantenha-os em sua consciência até que o Universo lhe traga algo para responder.

**Os Geradores Manifestantes respondem e informam.** Você é uma combinação de Manifestante e Gerador. Sendo Gerador, em primeiro lugar, você existe para responder ao ambiente externo, então espere o Universo enviar algo para responder. Quando tiver algo externo para responder, informe os outros conforme você entra em ação. Lembre-se, você não está pedindo permissão, apenas informando o que sua enorme energia criará.

**Os Projetores esperam um convite.** Você precisa esperar para ser reconhecido por sua sabedoria incrível ou compartilhar o potencial que vê nos outros antes de dar orientação. Se você se precipitar e der orientação sem ser convidado, provavelmente encontrará resistência e não será bem recebido.

**Os Refletores aguardam 28 dias ou um ciclo lunar.** Como a Lua se move por seu Desenho a cada 28 dias, você experimenta como as decisões, as pessoas ou os lugares o fazem se sentir, e com o tempo saberá o que é correto ou não no seu caso. Não se apresse, o tempo dirá o que está alinhado para você.

Na Parte 2 deste livro, no capítulo Tipo e Estratégia, você poderá explorar e experimentar sua Estratégia com mais profundidade.

## AUTORIDADE

Sua Autoridade orienta para a tomada de decisão com base em seu Desenho único e seus superpoderes energéticos consistentes. Compreendê-la permitirá que faça escolhas alinhadas com seu eu mais autêntico.

Ao contrário da Estratégia, sua Autoridade nem sempre está alinhada com o Tipo. Geradores, Manifestadores, Projetores, Refletores e Geradores Manifestantes podem, por exemplo, ter uma Autoridade Emocional.

Há sete Autoridades no Desenho Humano:

1. **Autoridade Emocional:** você está mais alinhado com seu Desenho quando se dá um tempo para ter clareza emocional ao tomar decisões.
2. **Autoridade Sacral:** você precisa ouvir o instinto natural e físico do seu corpo para saber o que é correto ou não em cada momento.
3. **Autoridade Esplênica:** sua Autoridade se manifesta como um sentimento sutil e intuitivo de saber que aparece no momento.
4. **Autoridade do Ego:** as suas decisões mais autênticas vêm de falar, reconhecer e agir segundo o que seu coração deseja.
5. **Autoridade Autodirecionada:** você foi Desenhado para seguir a direção de um sentimento de amor em todas as decisões. Ele o ajuda a falar sobre suas opções e a dialogar com outra pessoa para poder ouvir qual direção o levará a ter mais amor.

6. **Autoridade do Projetor Mental:** sua Autoridade se manifesta quando você afasta os pensamentos e escuta sua própria voz enquanto processa as decisões.
7. **Sem Autoridade Interna:** essa rara Autoridade, que também pode ser chamada de Autoridade Lunar, só aparece nos Refletores. Você é desenhado para experimentar a vida; as decisões são tomadas dando-se tempo para conhecer como as oportunidades, as pessoas e os lugares fazem você se sentir antes de tomar uma decisão. O ciclo lunar de 28 dias é o tempo ideal de espera para tomar grandes decisões.

Quando você estiver pronto para se aprofundar mais em sua Autoridade e saber como pode recorrer a ela para ajudá-lo a tomar decisões alinhadas com seu Desenho, vá ao Capítulo 12.

## PERFIL

Seu Perfil identifica os temas significativos que se desenrolam em todas as áreas da sua vida. O Perfil é como circulamos pelo mundo, descrito por Ra Uru Hu como o traje do nosso propósito. Cada Perfil é composto por uma combinação de duas "Linhas" que compõem sua Personalidade (ou sua experiência consciente) e seu Desenho (ou sua experiência inconsciente).

Detalharemos as seis Linhas que se combinam para criar seu Perfil:

**Linha 1:** as pessoas com a Linha 1 no Perfil são aprendizes e autoridades por natureza. Você ativa seu propósito buscando e compartilhando conhecimento.

**Linha 2:** as pessoas com a Linha 2 no Perfil são talentos natos; você está aqui para compartilhar seus dons naturais. Você ativa seu propósito quando respeita seus talentos naturais.

**Linha 3:** as pessoas com a Linha 3 no Perfil são Desenhadas para aprender experimentando com tentativa e erro. Você ativa seu propósito quando se afasta da convenção e experimenta.

**Linha 4:** as pessoas com a Linha 4 no Perfil prosperam em comunidade e nas relações. Você ativa seu propósito quando é conectado e apoiado por outras pessoas que compartilham de seus valores.

**Linha 5:** as pessoas com a Linha 5 no Perfil estão aqui para curar, resolver e liderar. Você ativa seu propósito quando se concentra em curar a si mesmo e usa sua experiência para ajudar os outros a se curarem.

**Linha 6:** as pessoas com a Linha 6 no Perfil acumulam grandes fontes de sabedoria ao longo do tempo. Você ativa seu propósito quando cultiva a paciência e se permite o tempo necessário para aprender e refletir antes de compartilhar sua sabedoria.

Na Parte 3, irei guiá-lo em detalhes nas Linhas do Perfil e ajudá-lo a entender como reconhecer e trabalhar com suas linhas de Personalidade e Desenho (Capítulo 20).

Agora que você tem um conhecimento básico dos quatro componentes-chave em seu gráfico corporal (Tipo, Estratégia, Autoridade e Perfil), seu experimento do Desenho Humano oficialmente começou.

## CENTROS

Para navegar seu mapa com confiança e entender melhor a filosofia subjacente orientadora dos elementos fundamentais do Desenho, é bom se familiarizar com um elemento-chave do seu gráfico corporal: os Centros.

## Representação Visual dos Centros

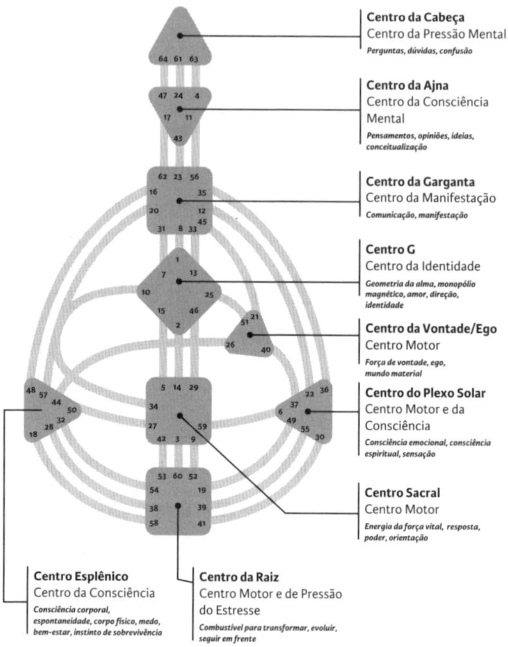


### CENTROS E CHACRAS

Os Centros do Desenho Humano têm origem no sistema budista e hindu dos Chacras. Se você está interessado em aprender mais sobre como essas tradições se cruzam e se sobrepõem no contexto do Desenho Humano, confira este episódio do The Human Design Podcast [em inglês]:

www.emmadunwoody.com/blog/the-human-design-podcast-episode-266-the-human-design-roadmap-part-7-centres-definition-made-simple.

Os Centros de energia do corpo influenciam a forma como interagimos com o mundo e os outros. Cada Centro está associado a um Chacra diferente e à energia que essa parte do corpo origina (o Centro da Cabeça origina seu processamento mental, já o Centro da Garganta origina a energia que flui por você quando se comunica). Existem nove Centros no Desenho Humano:

1. **Centro da Cabeça:** é a fonte de inspiração e ideias, influenciando nossos processos mentais;
2. **Centro da Ajna:** é responsável pela conceituação e pela compreensão, moldando nossos padrões de pensamento;
3. **Centro da Garganta:** governa a comunicação e a manifestação, influenciando como nos expressamos no mundo;
4. **Centro G:** às vezes conhecido como Centro da Identidade, molda nosso senso de autodireção e amor;
5. **Centro da Vontade:** também conhecido como Centro do Coração ou Ego, governa a força de vontade e o ego, influenciando nosso impulso e sentimento de autoestima;
6. **Centro do Plexo Solar:** governa as emoções e os sentimentos, moldando nossas respostas emocionais ao mundo;
7. **Centro Sacral:** é a sede da força vital e da vitalidade, influenciando nossa capacidade de responder e gerar energia;
8. **Centro Esplênico:** rege a sobrevivência, o bem-estar, a intuição e o instinto, influenciando nossa consciência de ameaças e oportunidades em potencial;
9. **Centro da Raiz:** governa o combustível para o progresso, o estresse e a pressão, moldando sua motivação para fazer as coisas acontecerem ou não.

Os Centros se dividem em três categorias, com alguns se enquadrando em múltiplas:

1. **Centros da Consciência:** Ajna, Esplênico, Plexo Solar. Eles geram as consciências corporal, mental, física e emocional;
2. **Centros Motores:** Sacral, Raiz, Plexo Solar, Vontade (também conhecido como Coração e Ego). Eles geram ação ou energia motora — a energia para trabalhar, o combustível para fazer as coisas acontecerem, expressam emoção e força de vontade;
3. **Centros da Pressão:** Ajna, Raiz. Eles exercem pressão para pensar, resolver, progredir e fazer as coisas acontecerem.

No seu mapa, certos Centros serão definidos ou não. Você reconhecerá quais centros são estipulados em seu mapa com base em quais estão coloridos. Se um Centro é colorido, significa que ele está definido; se um Centro não é colorido, significa que não está definido para você. Quando um Centro é determinado, isso quer dizer que você tem uma fonte consistente de energia fluindo dele e que tem dons únicos baseados na origem dessa energia. Quando um Centro é indefinido em você, a energia que flui por ele não vem de dentro de você, mas é influenciada pelo ambiente e pelas pessoas.

Cada mapa/gráfico corporal terá diferentes configurações de Centros definidos e indefinidos. Saiba que isso é excelente, porque você é perfeito exatamente como você foi Desenhado. Todos os Centros têm prós e contras em sua definição ou abertura (indefinição). Se um Centro é definido ou indefinido, isso pode ter profundas implicações em suas experiências, moldando tudo, desde seus estilos de comunicação até seu senso de identidade.

APROFUNDE-SE MAIS NA DEFINIÇÃO

Na Parte 2, você aprenderá sobre sua Autoridade, determinada por seus Centros definidos. Mas há ainda mais para aprender sobre como seus Centros definidos e indefinidos se encaixam em seu Desenho. Quando se sentir confortável com o material deste livro e estiver pronto para experimentar mais sua Definição, confira este episódio do The Human Design Podcast [em inglês]:

www.emmadunwoody.com/blog/the-human-design-podcast-episode-266-the-human-design-roadmap-part-7-centres-definition-made-simple.

# 4.

# HISTÓRIAS DE SUCESSO NO DESENHO HUMANO

O Desenho Humano oferece ferramentas para você conhecer e viver seu grande potencial. Há muito poder em saber o que é possível, não só com base no seu mapa, mas também ao ver como outras pessoas adotaram com sucesso seus Desenhos e puderam viver seus sonhos.

Desde o início do meu próprio experimento no Desenho Humano, ajudei milhares de pessoas a descobrir e agir em Alinhamento com seus Desenhos por meio de retiros, workshops, minha comunidade de membros e mentes brilhantes, e coaching individual. Conversei com milhares de pessoas em meu programa, o *The Human Design Podcast*, sobre como o Desenho Humano as está ajudando a transformar suas vidas.

Agora quero lhe contar algumas das minhas histórias favoritas de transformação pelo Desenho Humano, para que você possa imaginar o que é possível. Mas antes de compartilhá-las, lembre-se: sua jornada é única, assim como sua versão de sucesso quando você vive autenticamente alinhado com quem você é. Estas histórias são janelas para o que é possível, não critérios de avaliação para condicioná-lo a buscar qualquer ideia de sucesso.

## A CEO COM PROPÓSITO

Heather era uma gerente sênior motivada pelo seu propósito de liderar. Era uma cliente de coach de longa data e uma das primeiras líderes de negócios a quem apresentei o Desenho Humano.

Heather sempre foi uma cliente dos sonhos: disposta, aberta, curiosa, poderosa e profundamente motivada a liderar com propósito. Ela já prosperava no trabalho; já era uma ótima gerente. Em todos os sentidos, ela arrasava. E ela se sentiu chamada para fazer mais.

Em uma sessão há vários anos, ela compartilhou um objetivo comigo. A confissão foi um mero sussurro; tive que pedir para repetir.

"Fale mais alto", eu disse. "Se você quer isso, aceite-o."

Ela respirou fundo e desta vez eu a ouvi em alto e bom som:

"Eu quero ser CEO daqui a oito anos."

"Maravilha", eu disse. "Vamos fazer acontecer!"

Então respirei fundo e assumi um grande risco:

"Eu sei que parece loucura, mas e se eu lhe dissesse que sua hora de nascimento poderia nos ajudar a fazer acontecer mais rápido?"

Apenas três anos depois, durante um almoço, ela e eu brindamos ao seu primeiro cargo como CEO.

Comprometer-se com o experimento no Desenho Humano foi um fator crítico para o rápido sucesso de Heather. Assim que desvendamos seu mapa, surgiram todas as oportunidades para trabalhar com mais inteligência, não com mais dificuldade. Ela encontrou coragem para dizer "não", determinou limites e conseguiu colocar seus clientes em primeiro lugar para ter melhores resultados.

Ao mergulhar profundamente no seu tipo Gerador Manifestante, conseguimos redistribuir sua energia no trabalho. Antes, ela passava muito tempo tentando ser perfeita, terminar tudo e aprender em detalhes, quando o que ela precisava era de espaço para ser guiada por sua energia apaixonada e diversa, entrar e aprender o que precisava, e então sair antes de terminar, focar vários projetos de alto nível, em vez de ficar presa nos pormenores em cada coisa que ela supervisionava como gerente. Ela capacitou sua equipe, demonstrou o que era possível e tirou o que não estava mais funcionando, substituindo por soluções atualizadas.

Como uma Linha 5 (mais sobre isso no Capítulo 25), ela tinha talento para resolver problemas, mas isso levou à crença de que tinha que resolver os problemas de todos por conta própria, o que muitas vezes a deixava com pouco tempo para se concentrar em seu próprio desenvolvimento. Nomear esse desafio foi o primeiro passo para ajudá-la a estabelecer limites claros e reconhecer a importância de delegar em seu trabalho.

Enquanto aprendia isso, ela também experimentava sua Autoridade Sacral confiando em seu instinto, ao invés de pensar demais em cada decisão que tomava no trabalho. Hoje, ela é uma líder com instintos incríveis.

Quando Heather começou a viver em Alinhamento com quem ela realmente é, os resultados em sua carreira foram inegáveis. Ela confiou em seu sistema interno de orientação. Recorreu ao conhecimento que seu mapa mostrou sobre como ela foi Desenhada para liderar. E não parou por aí — ela continuou vendo seu Desenho, não só para ajudá-la a tomar decisões no trabalho, mas para guiar todos os aspectos de sua vida.

## MATERNIDADE ORIENTADA PELO DESENHO

Valerie passou toda a vida sendo a pessoa que os outros procuravam para ouvir, apoiar e ajudar. Ela se via como uma fazedora, uma facilitadora, uma solucionadora de problemas e seu senso de valor estava totalmente ligado ao que ela tinha para oferecer aos outros em sua vida. Ela sentia que tinha que receber amor sendo útil. Como resultado, tinha problemas para estabelecer limites, e suas próprias necessidades e desejos permaneciam inconscientes enquanto ela colocava toda a sua energia sendo quem as outras pessoas precisavam que ela fosse.

Tornar-se mãe ampliou sua visão de si mesma como alguém que precisava ser o que os outros, especificamente seus filhos, precisavam. Por anos, conforme sua família crescia, Valerie se mantinha ocupada garantindo que todos fossem atendidos física, emocionalmente etc., antes de cuidar dela mesma. Aparentemente funcionava: ela e sua família tinham uma vida bela.

Mas aos poucos ela foi se desgastando, ignorando sua própria saúde física e mental para priorizar as outras pessoas. Ela dizia para si mesma: "Quando todos estiverem bem, *então* poderei cuidar de mim e seguir os meus sonhos".

Quando os filhos cresceram, Valerie percebeu que eles não pareciam felizes, apesar de tudo o que ela fazia e corrigia para eles. E a verdade é que ela também não estava feliz. Então, escolheu olhar para dentro de si mesma e encontrou o Desenho Humano ao longo de sua jornada. O Desenho Humano lhe deu uma linguagem com a qual ela se conectou no nível celular. E, experimentando, ela reconheceu as mudanças em si mesma e em toda sua família.

Aprender sobre o seu Tipo e Perfil no Desenho Humano ajudou Valerie a perceber e a aceitar que, apesar de ter condições, ela não existe para "fazer" tudo por todos. Pelo contrário, como Projetora, ela está aqui para ser um guia.

O Desenho Humano a ajudou a adotar a paz, a presença e a felicidade recém-descobertas no seu papel de mãe. Já se foram os dias de correria, mediando e fazendo tudo por todos. Ela é capaz de estar presente para os filhos sem corrigir ou controlar tudo, e a comunicação em sua casa melhorou.

Ela me disse recentemente:

> "O que eu mais amo é minha capacidade de entender o mapa do Desenho Humano dos meus filhos, orientar e incentivar quem eles são — não quem eu *acho* que eles deveriam ser. Para ajudá-los a ficar conectados com sua verdade e luz interiores. Não estamos correndo por aí de atividade em atividade. Em vez disso, comprometemo-nos intencionalmente com as escolas, as amizades e as atividades que nos parecem certas e nos alegram. E é uma linda jornada que também muda conforme mudamos na vida. Não poderia ser de outra forma e vejo isso como o futuro de todas as famílias!"

## A COACH ADORMECIDA

Quando comecei a trabalhar com Bronwyn para desvendar e aceitar seu Desenho, ela era professora. Seu trabalho era muito gratificante; ela sabia que adorava trabalhar com crianças para ajudá-las a desabrochar, e isso tornava seus dias significativos. Mas ela também sabia que algo não estava certo. Estava cansada e esgotada o tempo todo e, mesmo amando seus alunos, não sentia ser capaz de manter a energia exigida nem que seu trabalho recompensava o esforço dedicado. Estava sufocada por rígidas exigências curriculares e sabia que não produzia o impacto que poderia. Ela já havia tentado várias funções diferentes na escola, mas nenhuma parecia ser a certa.

Como estava cansada o tempo todo, não tinha energia para se destacar o suficiente para seus alunos, ou para os próprios filhos, de uma forma gratificante e cheia de energia.

Ao entender seu Desenho, Bronwyn percebeu que sua motivação básica para se tornar professora estava ligada à sua crença condicionada de que precisava ter uma carreira "segura e consistente", a vida do "Sonho Americano".

Mas ao fazer aquilo para o que foi condicionada pela família e pelo caminho seguido na área educacional, ela se desgastava com um trabalho que não levava em conta suas próprias necessidades, talentos e energia. Ela se sentia pouco valorizada e vista pelas pessoas mais próximas.

Como Projetora, ela não foi Desenhada para ficar em uma sala de aula com todos esses pequenos seres sagrados cuja energia ela ampliava e refletia. Simplesmente não era o ambiente que tirava o máximo de quem ela é em essência.

Embora essa descoberta a tenha levado à dolorosa e libertadora decisão de deixar aquela carreira, ela não deixou o ensino por completo.

Hoje, Bronwyn ensina à sua maneira, como coach de Desenho Humano e treinadora em minha equipe. A flexibilidade, as horas reduzidas e o caráter autoritário do seu trabalho como coach são muito mais adequados à sua energia natural. Ela não está mais ligada ao currículo de uma instituição, às horas inadequadas para sua vida ou às condições de trabalho fisicamente exigentes que a desgastavam.

E quanto à necessidade de ter uma carreira aceitável, ela está ganhando mais dinheiro do que no ensino fundamental, à sua maneira, com o poder do seu Desenho.

# 5.
# FAZENDO UM EXPERIMENTO

Certo, lindo humano, você está quase pronto para entrar de cabeça e descobrir a mágica do seu Desenho único. Mas antes de nos aprofundarmos na orientação que o Desenho Humano tem para lhe oferecer com base no seu Tipo, Estratégia, Autoridade e Perfil, há uma coisa mais importante que eu quero que você tenha: meu método comprovado e testado para aprender e trabalhar com seu Desenho único de forma sustentável e transformadora.

Você já deve ter notado como eu costumo me referir à sua jornada no Desenho Humano como uma experiência. Como especialista em ciências comportamentais, levo essa linguagem muito a sério, e estou falando para valer quando digo que sua experiência com o Desenho Humano é para ser cheia de tentativas, erros e lindas descobertas que o aproximem cada vez mais das verdades que o libertarão para ser quem você é. Seu Desenho Humano não é um livro de regras para seguir à risca; é um modelo de experimentação que o ajudará a fazer novas descobertas sobre si mesmo e que lhe permitirão ter uma vida mais plena e autêntica.

Assumir uma mentalidade de experimentação e descoberta é absolutamente essencial se você quer ir além de conhecer os fatos do seu Desenho e permitir que eles transformem sua vida na bela experiência que você deveria viver.

**É fundamental reconhecer que seu Desenho Humano não pode fazer nada por você se você não está disposto a experimentar as informações que ele lhe oferece.**

A mágica realmente acontece quando você se liberta para experimentar seu Desenho Humano, em vez de simplesmente seguir os fatos do seu Desenho cegamente. Experimentar seu Desenho permitirá que você encontre novas conexões entre os elementos únicos do seu mapa, descubra novas formas de trabalhar que se ajustem à sua composição energética única e tenha clareza sobre as pessoas e os ambientes que revelem a versão mais autêntica e realizada de você.

Então, como é realmente experimentar seu Desenho Humano? Deixe-me detalhar o modelo que uso quando trabalho com clientes; ele tem suas raízes na ciência comportamental fundamentada em pesquisas.

Recomendo trabalhar neste modelo para cada elemento do seu mapa do Desenho Humano, começando com os elementos que veremos em detalhes neste livro — seu Tipo e Estratégia, sua Autoridade e Perfil.

## MEU MODELO EXPERIMENTAL DO DESENHO HUMANO PARA UMA TRANSFORMAÇÃO EM SEIS ETAPAS

1. Aprenda;
2. Tome uma Ação Imperfeita;
3. Registre seus resultados;
4. Teste o que funciona;
5. Libere o que não funciona para você;
6. Repita.

## APRENDA

A primeira etapa em seu experimento é realizar ou experimentar.

Comece definindo uma intenção em torno do que você quer aprender. Você pode dizer: "Minha intenção é descobrir como a minha Estratégia me guia para escolhas, decisões e oportunidades mais alinhadas".

Em seguida, aprofunde a pesquisa. Dependendo do que parece correto para você, ela pode ser uma combinação de:

- Ler as seções relevantes deste livro para os tópicos que você quer aprender;
- Ouvir episódios do meu podcast que aprofundam o que você quer aprender;
- Falar com pessoas com conhecimento sobre o tema que você quer aprender;
- Procurar uma comunidade em torno do tópico que você quer aprender (eu administro uma bela comunidade sobre a qual você pode saber mais no meu site).

Na fase de aprendizagem, concentre-se em encontrar o conhecimento correto para você. É uma etapa extremamente importante, mas lembre-se de que é apenas o começo, por isso não fique preso a um estudo infinito. Pense nessa fase como aprender a língua do seu tópico, para mais tarde ter o vocabulário necessário para escrever poesia.

As próximas duas fases do modelo experimental são extensões do processo de aprendizagem, por isso confie que, mesmo que você não tenha todas as respostas detalhadas quando avançar, continuará aprendendo e se aproximando desses detalhes à medida que percorrer o modelo.

Use seu diário (ou outro método de registro, como anotações de voz, um aplicativo de anotações ou um diário em vídeo) para fazer anotações sobre o que aprendeu, faça perguntas sobre o que ainda quer descobrir e acompanhe seu progresso conforme aprende.

## TOME UMA AÇÃO IMPERFEITA

Depois de ter dedicado alguma energia para aprender, é hora de tomar uma Ação Imperfeita.

Isso significa praticar o que você está aprendendo. Trata-se de dar a si mesmo permissão para agir, sem se pressionar para acertar na primeira ou até na quinquagésima tentativa. Tomar uma Ação Imperfeita é a base da minha abordagem para o Desenho Humano, e o segredo para superar seu condicionamento social, desvendar seu eu mais autêntico e, finalmente, transformar sua vida com a ajuda do seu Desenho Humano.

Tomar uma Ação Imperfeita é simples e difícil — tudo o que você tem a fazer é tentar agir com base no que aprendeu.

Ao longo deste livro, ofereço miniexercícios experimentais de Desenho Humano para ajudá-lo a tomar uma Ação Imperfeita com base no assunto da seção que você está lendo.

É importante entender que isso será confuso e imperfeito no início, e que seu único trabalho é praticar o que está aprendendo. Lembre-se, no Desenho Humano você está sempre *ganhando* ou *aprendendo* — não existe fracasso.

Use seu diário (ou outro método de registro) para definir as intenções sobre a Ação Imperfeita que você planeja tomar e se responsabilizar por esses planos.

## REGISTRE SEUS RESULTADOS

Simplificando, você precisa se comprometer com os resultados da sua Ação Imperfeita no papel, por nota de voz ou vídeo. Registrar os resultados é muito importante para a mudança do cérebro, de comportamentos e da vida. É porque, para mudar sua vida, você deve mudar sua identidade. Para tanto, o cérebro precisa de evidências de que é seguro se transformar — o registro dos seus resultados é essa evidência.

Use seu diário (ou outro método de anotação) para registrar os resultados de suas Ações Imperfeitas. Reflita acerca do que você já registrou sobre o que aprendeu e a ação que pretendia tomar, então registre o resultado:

- O que aconteceu quando você experimentou uma parte específica do seu Desenho?

- Como você sentiu no corpo?
- O que aprendeu? Como melhorou especificamente a sua vida?

## TESTE O QUE FUNCIONA

Quanto tiver registrado e refletido sobre os resultados, será hora de testar o que funciona. Em qualquer experimento, sabemos que algo "funciona" quando pode ser repetido — é onde entra a próxima etapa do seu experimento no Desenho Humano.

Você precisará se comprometer a continuar tomando as ações que funcionam, repetindo e refinando o que dá certo conforme faz. Com esse processo, você passará da incompetência inconsciente (onde estava antes de aprender sobre o Desenho Humano e o tema específico que está experimentando) para a incompetência consciente (a consciência do que não sabe — provavelmente onde está agora), então para a competência consciente (construir conscientemente a experiência e pegar o jeito) e, por fim, a competência inconsciente (o domínio, o hábito inconsciente).

Durante a fase "Teste o que funciona", reserve um tempo para:

- Conferir suas anotações e o diário para observar quais são os padrões — o que funciona e o que você precisa abandonar ou parar de fazer?
- Ser claro sobre como é sentir em seu corpo quando você está tomando as ações e se alinhando.
- Examinar como a vida será especificamente melhor com base nas ações tomadas e nos resultados alcançados.
- Continuar experimentando e implementando o que funciona.

Evite comparar sua experiência com a de outra pessoa neste ou em outros estágios; todos são diferentes, assim como a jornada de cada um com seu Desenho. Confie em sua experiência e seus resultados. P ergunte-se: *Estou tendo os resultados que quero?* Se "sim", ótimo, continue. Se "não", volte para a fase "Tome uma Ação Imperfeita" e continue experimentando até os resultados parecerem certos para você.

Use seu diário (ou outro método de registro) como um guia para consultar e como um lugar para refletir e examinar o que está funcionando, além de registrar os resultados contínuos dos testes.

## ABANDONE O QUE NÃO FUNCIONA PARA VOCÊ

Ao identificar o que produz os resultados desejados, abandone o que não funciona para você.

Ver o Desenho Humano como um experimento significa aceitar que a jornada é única para todos. Haverá conhecimentos relevantes e outros não, e isso é bom! Neste ponto, é hora de deixar para trás o que não está funcionando. Abandone:

- O que sua mente está dizendo que você "deve fazer" para ter sucesso em seu experimento. Foque o que é bom para o seu corpo;
- Qualquer coisa que pareça forçada;
- Comparações com qualquer outra pessoa — este é o seu Desenho e sua experiência única;
- Qualquer coisa que não pareça verdade para você.

Use seu diário (ou outro método de registro) como um guia de consulta. Use suas reflexões sobre o que você aprende, quais ações você toma, quais resultados vê e como se sente sobre tudo isso para identificar o que não está funcionando no seu caso. Então, registre suas intenções de abandonar essas coisas e como continuará na direção do que funciona para você.

## REPITA

Continue repetindo o processo de experimentação em sua jornada do Desenho Humano. Use esse modelo para experimentar cada elemento do seu

Desenho, começando com cada elemento deste livro: Tipo e Estratégia, Autoridade e Perfil. Lembre-se de que seu experimento é interminável, e isso é bom. Seu mapa está repleto de elementos que você pode continuar experimentando à medida que ganha mais confiança em sua jornada no Desenho Humano e sempre haverá novas oportunidades para experimentar os elementos que você conhecerá ao longo deste livro.

Por exemplo, na primeira leitura do livro, você pode estar especificamente interessado em experimentar como a Estratégia e a Autoridade podem ajudá-lo a prosperar em sua carreira ou relacionamento. Você pode voltar a esses elementos fundamentais mais tarde para experimentar como eles podem ajudá-lo a se mostrar como pai/mãe, como atuar em um projeto criativo ou como agir na aposentadoria. Não faltam experimentos — e essa é a beleza do Desenho Humano. A riqueza de conhecimento que ele tem a oferecer sobre você pode ser aplicada em muitos contextos diferentes, e você continuará trabalhando e experimentando seu Desenho de novas formas ao longo da vida.

### EXPERIMENTE ISTO

Desenhe seu próprio mapa e tome nota do seu Tipo, Estratégia e Autoridade. Faça um diário ou medite sobre as perguntas a seguir:

- Com o que me identifico mais profundamente: meu Tipo, minha Estratégia ou minha Autoridade?
- Quais perguntas ainda tenho sobre meu Tipo, Estratégia e/ou Autoridade?
- Como posso experimentar o que aprendi sobre minha Estratégia e minha Autoridade?
- Quais as três coisas específicas que posso fazer imediatamente?

Experimentar meu Desenho Humano mudou tudo!

Estou há três anos na minha jornada e sou uma pessoa completamente diferente. Tenho lidado e experimentado *exatamente* como o Universo me dá pistas externas e como é a Autoridade Emocional dentro de mim. Minha vida ficou mágica!

Eu não me preocupo mais com as listas de prós e contras. O Desenho Humano me ensinou a dançar com o Universo e dar importância aos sinais que eu nunca soube que estavam ao meu redor. Ajudou-me a entrar no meu corpo e a ficar fora da minha cabeça. A minha vida fez literalmente uma virada de 180° desde que mergulhei no Desenho Humano. Fiquei empoderada quando fiz a transição para exatamente quem minha alma quer que eu seja nesta vida, e mesmo quando há momentos difíceis, os sinais e a clareza continuam lá. Quando não prestamos atenção nos sinais e na nossa Autoridade, é como dizer à nossa força maior que, no fundo, sabemos o que é melhor. Estou cansada de "achar que, no fundo, já devia saber o que é melhor". Eu escolho bailar de braços dados com a magia.

– Tiffany

## SIMPLIFIQUE

Nos primeiros dias do seu experimento do Desenho Humano, concentre-se em um compromisso de aprender e experimentar com dois elementos-chave do seu mapa: Estratégia e Autoridade.

Lembre-se, sua Estratégia está ligada ao seu Tipo no Desenho Humano e o orienta sobre como você é Desenhado para interagir com o mundo. Enquanto isso, sua Autoridade é seu sistema interno de orientação; ela lhe diz como tomar as melhores decisões que são corretas para você, de acordo com seu Desenho único.

Estratégia e Autoridade são os únicos elementos necessários para começar a desbloquear e experimentar o seu Desenho. Assim que começar a sintonizar com a sabedoria de sua Estratégia e Autoridade, você não só se sentirá mais satisfeito, confiante e feliz, como também será mais eficaz para sua comunidade — e com isso quero dizer não apenas as pessoas com quem você interage diariamente, mas o mundo todo.

Ter controle sobre esses dois elementos do seu mapa fornece as proteções sobre como você ativará os outros conhecimentos contidos neste livro, então reserve um tempo para realmente se aprofundar em como você se relaciona com sua Estratégia e Autoridade, e considere quais perguntas tem sobre elas.

Sua Estratégia e Autoridade não lhe dirão quem você é — só você pode desbloquear os segredos para expressar as energias únicas dentro de si. Qualquer um dos cinco Tipos no Desenho Humano pode parecer um chamado para a parentalidade, artes criativas, negócios, inovação tecnológica — a lista continua, porque não importa qual seu Desenho, todas as portas estão abertas para você. O que sua Estratégia e Autoridade *podem* lhe dizer é como alinhar a sua energia e suas decisões com quem você já é em essência, e o que o seu coração e alma realmente desejam. São ferramentas criadas para ajudá-lo a se revelar para si, para ajudá-lo a manter sua verdade e seu poder, não prescrições para quem você deve ser ou como tem que agir.

## SEMPRE VOLTE AO BÁSICO

Sempre que meus amigos e clientes me procuram, perturbados por um detalhe no mapa que não conseguem entender ou quando tentam resolver um problema em suas vidas que não conseguem enfrentar, a primeira coisa que eu faço é convidá-los a voltar para sua Estratégia e Autoridade.

E quando lido com meus próprios desafios ou tomo grandes decisões, faço o mesmo: alinho-me com minha Estratégia e Autoridade, e confio que se eu não sei agora, as respostas e a clareza virão no tempo de Deus.

Hoje também reservo um tempo para refletir sobre o mapa inteiro e presto atenção ao que se destaca para mim. Ou exploro um assunto em alta em minha comunidade e foco isso. Eu confio que, seja o que for que esteja vendo "lá fora", é algo que deveria ver "aqui dentro" — em mim.

Mas preciso que você saiba que, mesmo depois de mais de duas décadas de crescimento pessoal, profissional e espiritual, e seis anos de minha própria experiência em Desenho Humano, e treinando outras pessoas, eu sempre volto ao básico primeiro. Se estou sem alinhamento com minha Estratégia ou Autoridade, não há realmente nenhum motivo para eu olhar além até ter resolvido o básico.

Tudo isso é para dizer que você pode começar a dominar esses blocos de construção do Desenho Humano agora mesmo e confiar que esses dois elementos do seu mapa são ferramentas às quais você pode recorrer a qualquer momento, mesmo se nunca memorizar ou compreender totalmente cada detalhe do mapa.

Eu recomendo continuar em sua jornada para desvendar seu mapa além de sua Estratégia e Autoridade — porque se dois elementos podem ser tão decisivos, imagine o que você pode fazer com todo o arsenal de autoconhecimento que seu Desenho fornece.

Armado com sua Estratégia e Autoridade, você está pronto para começar seu experimento no Desenho Humano hoje. Não deixe que a sobrecarga, o medo ou a síndrome do impostor o assuste — quando terminar de ler este livro, terá aprendido um universo de formas de entender e lidar com esses sentimentos assustadores.

Seu Desenho é uma permissão para ser você, e este livro é uma permissão para encontrar sua própria força por meio da experimentação de seu Desenho. E este momento é sua permissão para não ficar esperando e aceitar seu Desenho agora. Pare de esperar. Pare de controlar. Chega de gurus. Apenas você: incrível, capaz, lindamente Desenhado.

Comece com esses conceitos básicos hoje e confie neste livro — e em si mesmo — para ser seu guia conforme se aprofunda.

# PARTE 2
# SEU DESENHO SEM COMPLICAÇÃO

# 6.

# TIPO E ESTRATÉGIA

O Tipo e a Estratégia são a base do seu mapa do Desenho Humano. Nada é mais simples e mais direto do que esses dois elementos, e ter uma boa compreensão deles é o segredo para desbloquear o resto do seu experimento no Desenho Humano.

Primeiro, falaremos sobre o Tipo. Ele é uma ferramenta essencial para entender como circular pelo mundo de forma autêntica e acolhedora.

Existem cinco tipos: Manifestador, Gerador, Gerador Manifestante, Projetor e Refletor. Todas as pessoas classificam-se como um deles, segundo a composição única de seu gráfico corporal do Desenho Humano.

Antes de ir direto para as páginas que explicam o seu Tipo, permita-me compartilhar com você um pequeno segredo: o Tipo é muito badalado no mundo do Desenho Humano.

A verdade é que quando Ra Uru Hu canalizou pela primeira vez a "Voz" que lhe revelou os mistérios do Desenho Humano, os Tipos não faziam parte do vocabulário inicial. Eles foram concebidos mais tarde, como uma espécie de abreviação para agrupar diferentes padrões de energia — uma tentativa inicial de tornar o Desenho Humano mais acessível. E funcionou — entender rapidamente esse bloco básico do seu mapa é essencial, sobretudo quando você está começando a experimentar seu Desenho. No entanto, não caia na armadilha de se definir apenas por seu Tipo.

PARA ENTENDER SEU TIPO, EXAMINE OS CENTROS

No Capítulo 3, mostrei o básico dos Centros do Desenho Humano. Se você deu uma olhada nessa parte, peço que volte e a estude com mais atenção, porque ela tem um conhecimento fundamental que irá ajudá-lo conforme você descobre seu Tipo.

Os Centros definidos ou indefinidos para você ditarão o seu Tipo, então para realmente viver o seu eu autêntico, o seu propósito e o seu Desenho, você deve conhecer seus Centros — eles têm muito a oferecer, inclusive mostrando onde você é mais suscetível ao condicionamento e como influencia e expressa sua energia.

O Tipo é incrivelmente útil para entender os componentes principais do seu Desenho e desbloquear o que faz você ser o que é. Pense nisso como um recipiente ou uma armação. Dá estrutura, mas não define o conteúdo. Seu recipiente é preenchido com todas as outras nuances e detalhes de seu mapa, e como *você* traz essa singularidade para a vida. Então, mesmo que você tenha o mesmo Tipo ou "recipiente" de outra pessoa, o conteúdo de cada um será completamente diferente.

Simplificando: o Tipo não é a base de tudo ou uma prescrição para quem você é ou quem tem que ser, mas um poderoso ponto de partida que lhe dará uma visão essencial sobre sua energia.

DESCUBRA SEU TIPO

Pegue seu gráfico corporal do Desenho Humano — se ainda não fez o seu, pode gerá-lo agora em www.emmadunwoody.com [em inglês] ou https://desenhohumanobrasil.com.br/.

Junto à imagem do gráfico corporal colorido, você verá seu nome e, logo a seguir, verá o Tipo no Desenho Humano.

Depois de ler esta introdução para o Tipo e a Estratégia, percorra o capítulo até encontrar a seção sobre seu Tipo. Leia e faça anotações sobre o que é relevante para você, o que o surpreende e ao que resiste ou não gosta quando se trata do seu Tipo.

## SEU TIPO DITA SUA ESTRATÉGIA

Cada Tipo corresponde a uma Estratégia específica, o método pelo qual você pode agir em Alinhamento com seu Desenho. Os Manifestadores são Desenhados para Iniciar e Informar; os Geradores, para Responder; os Geradores Manifestantes, para Responder e Informar; os Projetores, para Esperar por um Convite; e os Refletores, para Seguir o Ciclo da Lua de 28 dias.

Há duas categorias principais para a Estratégia — "Iniciar" e "Responder". Os Manifestadores Iniciam — sua Estratégia vem de uma necessidade interna ou inspiração; esse Tipo inicia coisas. Enquanto isso, os quatro Tipos restantes respondem; cada Tipo tem sua própria forma de responder com autenticidade.

Se a sua Estratégia o encoraja a Responder em vez de Iniciar, isso não faz de você um ser passivo ou inativo. Pense nisso como um convite para estar à procura de um sinal verde do Universo para agir em Alinhamento com uma ideia, uma inspiração ou um desejo.

Pode não parecer natural no início — leva tempo para construir o músculo da espera, permitir que a coisa venha até você, pois geralmente somos condicionados a tomar ações em massa e iniciar qualquer coisa que queremos. A resposta exige escuta ativa, atenção e disposição para estar aberto a sugestões externas e agir segundo elas quando surgirem.

Nunca é demais enfatizar o papel essencial que a Estratégia terá em seu experimento no Desenho Humano. Pense em sua Estratégia como a chave para ter uma vida que flui, sentindo-se alinhado com sua energia — o portal para viver com liberdade e seu eu mais autêntico. Quando você segue sua Estratégia, vive seu Desenho em tempo real e é obrigado a ser conduzido mais profunda e significativamente em sua jornada do Desenho Humano, ao mesmo tempo se sentindo mais alinhado em seus relacionamentos, propósito e outras atividades.

DESCUBRA SUA ESTRATÉGIA

Pegue seu gráfico corporal do Desenho Humano — se ainda não fez o seu, pode gerá-lo agora em www.emmadunwoody.com [em inglês] ou https://desenhohumanobrasil.com.br/.

Junto à imagem do gráfico corporal colorido, você verá seu nome, seguido do Tipo no Desenho Humano. Abaixo do Tipo, encontrará sua Estratégia.

Depois de ler esta introdução para o Tipo e a Estratégia, percorra o capítulo até encontrar a seção sobre sua Estratégia, onde encontrará mais detalhes sobre viver segundo ela.

Você também encontrará outras informações importantes nas páginas a seguir, referentes ao seu Tipo e Estratégia. Você aprenderá:

- Seu Tema Assinatura, que é a sensação quando você vive em Alinhamento com seu Tipo e sua Estratégia;
- Seu Tema Não Eu, a sensação quando está sem Alinhamento com o seu verdadeiro eu;
- Como desafiar seu condicionamento e seus bloqueios para aceitar melhor seu Tipo e sua Estratégia;
- Como se comunicar melhor com base no seu Tipo e na sua Estratégia;
- Como é Desenhado para prosperar nos relacionamentos;

- Como desenvolver práticas significativas de autocuidado de acordo com seu Tipo e sua Estratégia.

Em cada seção Tipo, você terá a oportunidade de refletir e experimentar o conhecimento apresentado. No final de cada seção Tipo, você encontrará uma série de propostas de diário para ajudá-lo a integrar o que aprendeu, refletir sobre como seu Tipo e sua Estratégia já entraram em ação em sua vida até agora, bem como planejar o futuro com seu Tipo e sua Estratégia em mente.

### CONVITE DO CAPÍTULO

Entendo que você queira avançar e ler sobre o seu próprio Tipo primeiro. No entanto, assim que explorar seu próprio Tipo e Estratégia, peço que volte e leia cada seção deste capítulo. Reservar um tempo para conhecer todos os cinco tipos, não apenas o seu, pode ser de grande benefício.

Primeiro, lhe dá um conhecimento prático do Desenho Humano como sistema. Você entenderá melhor o que o diferencia dos outros tipos e também o que você tem em comum com eles.

Segundo, os representantes de cada Tipo estarão presentes em sua vida em algum ponto — no trabalho, na família ou entre os amigos. Reservar um tempo para entender cada um melhorará seus relacionamentos com as pessoas que você ama, ou não.

Por fim, deixe-me lembrá-lo — seu Tipo não é uma definição final de tudo que você é ou não. Você pode muito bem encontrar coisas com as quais se identifica em outras seções, além de seu próprio Tipo. Peço que aborde cada um com curiosidade e abertura para o que você pode aprender sobre si e os outros.

O Desenho Humano me ajudou a curar o relacionamento com meus pais, que eu nem sabia que precisava de cura. Conhecer o Desenho deles, incluindo seus pontos negativos e seus dons, ajudou-me a ter uma compreensão mais profunda de como eles agem e por que fazem as coisas de tal modo. Ajudou-me a vê-los aqui como almas também em uma jornada humana. Agora posso ver seus dons incríveis e abordá-los para pedir ajuda com coisas específicas. Vendo o projeto energético dos meus pais, amo e valorizo muito mais todas as partes deles. Vejo mais semelhanças entre nós do que antes era possível, mesmo que agora pareçam tão óbvias. Sinto que os "entendo" muito mais. Por exemplo, minha mãe compartilha um terço do meu Perfil, e eu vejo totalmente essas qualidades nela e em mim. Ensiná-la sobre seu Desenho, mesmo tendo 50 anos, lhe deu uma sensação de clareza e amor por seus pontos fortes.

– Meg

# 7.

# MANIFESTADOR: TIPO E ESTRATÉGIA SEM COMPLICAÇÃO

*Os Manifestadores são formadores de opinião e pioneiros — você está na Terra para inspirar ação e mudança.*

*Os Manifestadores constituem cerca de 9% da população.*

TRÊS COISAS QUE TODO MANIFESTADOR PRECISA SABER:

- Você está aqui para inspirar ***as pessoas*** a entrar em ação, então seja assumidamente ***você***.
- Você pode polarizar, e isso é ***bom***.
- Quando a criatividade vier, faça o que puder para segui-la.

TRÊS COISAS QUE TODO MANIFESTADOR PRECISA FAZER:

- Pare de se desculpar por ser você e de desligar seu poder.
- Não perca mais tempo tentando agradar aos outros ou tentando ser a versão que os faz se sentir confortáveis.
- Aceite seu poder.

## OLÁ, MANIFESTADOR!

Você é uma força única a ser considerada. E sua incrível paixão e poderosa energia não são meramente casuais — elas são parte de você de Propósito.

Seu Desenho Humano único lhe dá o poder de iniciar a ação sem precisar de algo externo para responder, apenas sua energia criativa inata que chega com impacto e ímpeto para se manifestar no mundo. Você está na Terra para inspirar ação nos outros, criar mudanças, liderar pelo exemplo e acender faíscas criativas nas pessoas em volta. Embora sua assertividade possa ser mal interpretada como egoísmo, é realmente o que o diferencia e faz de você um pioneiro.

Nas próximas páginas, desvendaremos a essência dos Manifestadores — alguns de seus traços dominantes, sua estratégia para viver em Alinhamento, seus Temas Assinatura, a importância de aceitar sua autenticidade e os segredos para desbloquear seu pleno potencial.

Lembre-se, embora esta seção fale diretamente aos Manifestadores, vale a pena lê-la independentemente do seu Tipo. O conhecimento aqui pode ajudá-lo a entender melhor e relacionar-se com os Manifestadores em sua vida, para que ambos possam ser as melhores versões de si nos relacionamentos. Além disso, você nunca sabe que parte da sabedoria pode ajudar a guiá-lo em seu próprio experimento no Desenho Humano, mesmo que o conselho seja para um Tipo diferente do seu.

## O QUE CONSTITUI UM MANIFESTADOR?

Os Manifestadores são definidos por uma configuração de energia única. Vocês têm um Centro da Garganta definido, mas não têm um Centro Sacral. Essa configuração especial permite que seja o iniciador da ação, sem esperar por sinais externos. Você é o pioneiro, o formador de opinião e o tomador de ação no mundo. Você é energeticamente independente, o que significa que não precisa dos outros para seus sonhos se manifestarem; no entanto, você quer as pessoas ao seu redor.

A missão dos Manifestadores neste planeta é cristalina — você está aqui para provocar mudanças, inspirar os outros a agir e liderar pelo exemplo. Possui um poderoso impulso criativo que flui por você, levando-o a agir. Você é o rebelde, o agente de mudança e o transformador de paradigmas. Você foi Desenhado para ser único, assumidamente você e trabalhar com o fluxo criativo do Universo que se move livremente por você conforme faz a inspiração criativa se manifestar. Iniciar é seu forte, sobretudo quando alinhado com seus sonhos.

O QUE CONSTITUI UM MANIFESTADOR?

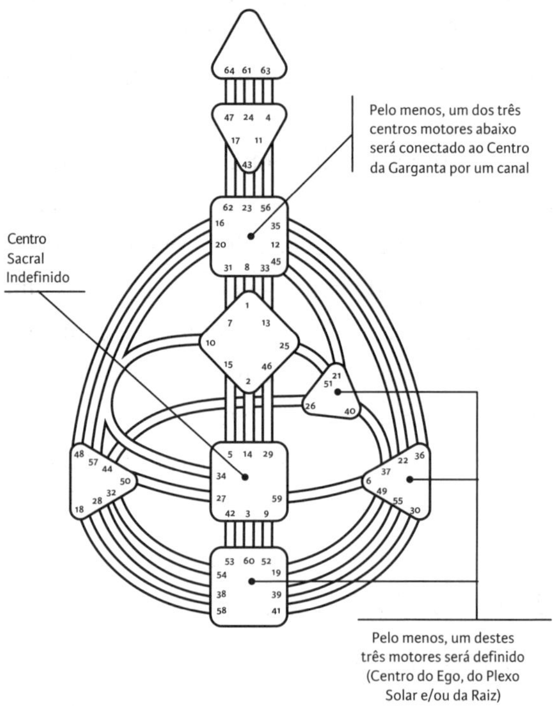


## SUA ESTRATÉGIA: INICIAR E INFORMAR

Sua Estratégia é o componente principal para transformar sua vida por meio do Desenho Humano e viver com liberdade e autenticidade. Você pode contar com sua Estratégia em todos os aspectos da sua vida: desde acordar de manhã, realizar suas tarefas diárias e interagir com o mundo até ir para a cama à noite. Quando você entende e segue sua Estratégia, o crescimento acontece. Pode exigir alguma experimentação, descobrir como é viver segundo sua Estratégia diariamente — lembre-se, experimentar é o significado de sua jornada no Desenho Humano.

Como Manifestador, sua estratégia é Iniciar e Informar. Iremos detalhar:

Os Manifestadores foram colocados neste planeta para inspirar mudança. Iniciação é a prática de criar algo novo, ser inspirado internamente e agir para que a inspiração se manifeste no mundo.

Simplificando, você prospera quando faz as coisas acontecerem e, em essência, quando *diz* para as pessoas as ações que está tomando. As pessoas só podem ser inspiradas se testemunharem a ação inspiradora.

Informar significa declarar a direção da sua energia. É sobre comunicar o que você está fazendo, para onde está indo e como está se sentindo. Porém, é importante entender que informar *não* é pedir permissão à pessoa com quem você está falando. Pelo contrário, é sobre manter os outros informados a fim de que você fique em paz e livre para deixar o Manifestador agir. Informar requer prática; não é natural ao Manifestador, porque você teme que os outros possam impedi-lo ou que entrem no seu caminho quando Informa. No entanto, a verdade é que Informar o ajuda a encontrar a comunidade com quem está destinado a interagir. Quando você informar às pessoas que estão aqui para serem inspiradas por sua ação, *será* inspirado e quem não fizer parte desse grupo será afastado.

### EXPERIMENTE ISTO

Ao escolher este livro, você iniciou uma mudança em sua vida. Agora é a hora de entrar ainda mais plenamente em Alinhamento por meio da Informação.

Veja como: deixe o livro por um momento e reserve um tempo para contar a alguém que você começou seu experimento no Desenho Humano.

Preste atenção em como se sente quando passa essa informação e como a pessoa com quem está compartilhando reage. Você consegue vê-la animada e talvez até mesmo inspirada por você?

## TEMA ASSINATURA DA PAZ

Viva em Alinhamento aceitando a paz e aprendendo com a raiva. Como Manifestador, seu Tema Assinatura é a *Paz*.

Quando você está em Alinhamento, encontra paz em seu corpo e ambiente. É motivado a criar relacionamentos e espaços pacíficos, e é muito bom em manter a paz, mesmo em situações de grande estresse.

## TEMA NÃO EU DA RAIVA

Por outro lado, o seu Tema Não Eu é a *Raiva*. A raiva tende a surgir quando seu fluxo criativo é interrompido ou você é forçado a desempenhar papéis que sufocam sua criatividade. O segredo aqui é aprender a expressar a raiva com habilidade, sem a reprimir.

### EXPERIMENTE ISTO

Para aceitar seu Tema Assinatura da Paz, faça um quadro de humor com imagens e palavras que o façam se sentir em paz (recorra à sua Estratégia contando a alguém que você está criando um). A seguir, mantenha o quadro em um lugar onde possa vê-lo regularmente, como seu escritório, ou em um lugar de destaque em casa.

Para liberar seu Tema Não Eu da Raiva, veja novamente sua Estratégia. Informar não significa apenas dizer às outras pessoas o que você fará. Também significa informá-las de seus sentimentos; é sobre ser o comunicador poderoso que você é.

Da próxima vez que sentir a Raiva começando a ferver, ligue para um amigo ou familiar querido e compartilhe como está se sentindo — e talvez considere Informar algo que você fará para encontrar a Paz.

## SUA JORNADA DE RECONDICIONAMENTO

Muitos Manifestadores têm de se descondicionar da insegurança e se recondicionar para confiar em quem são e no que se sentem chamados a Iniciar — mesmo quando as suas ações não fazem sentido de imediato para os outros. Parece familiar?

Quando criança, você pode ter percebido que sua energia impactava os outros, fazendo com que se sentisse muito independente, egoísta ou teimoso. Talvez tivesse medo de ser percebido como "estranho" ou se sentiu muito sensível à rejeição. Como resultado desses medos, as pessoas de autoridade em sua vida podem ter encorajado você a se conformar e se tornar pequeno.

Hoje, você pode se subestimar — suprimindo sua energia para se encaixar, agradando às pessoas para não ofender, tendo medo de fazer algo bem e deixar os outros se sentirem mal e desconfortáveis, ou fechando a boca em vez de falar a sua verdade. Você pode ter dificuldades com a insegurança. E, por causa do seu Centro Sacral indefinido, que o leva a pegar a energia dos outros, você pode ter dificuldade de identificar quando é hora de parar.

A boa notícia é que você *pode* se recondicionar e se realinhar. O primeiro passo é abandonar as crenças que dizem "eu sou demais", "eu não me encaixo" ou "eu sou estranho". Em vez disso, aceite as crenças que o elevam e validam seus pontos fortes e dons como um Manifestador.

MANTRAS PARA OS MANIFESTADORES

*Estou inspirando os outros com minha autenticidade e poder.*

*Nem todos gostarão de mim; no entanto, aqueles que gostam serão inspirados a tomarem uma ação.*

*Quanto mais eu Informar, mais fluxo, facilidade e graça terei.*

## DICAS PRÁTICAS PARA VIVER EM ALINHAMENTO COM SEU TIPO MANIFESTADOR

**Comunicação**

Os Manifestadores prosperam com uma comunicação clara e aberta. Eles são comunicadores poderosos. Você responde melhor a perguntas amplas e se beneficia não só por informar as pessoas sobre o que está fazendo, mas também por ser informado pelos outros.

Nunca sufoque o que precisa dizer — fale e compartilhe sua verdade.

**Relacionamentos**

Quando se trata de relacionamentos (pessoais e profissionais), você é melhor quando tem a liberdade de seguir sua inspiração criativa.

Você não gosta quando lhe dizem o que fazer e definitivamente não está aqui para se conformar, então prospera quando está cercado de pessoas que o deixam agir como quer.

Sua energia, independência e fluxo criativo poderoso podem fazer você se sentir como um intruso, mas acredite, esse é o seu superpoder. Nos momentos em que se sentir isolado, volte à sua Estratégia: inicie uma ação e Informe as pessoas sobre o que está fazendo. É uma forma de se aproximar e se encorajar ao mesmo tempo.

**Saúde e bem-estar**

Como seres não Sacrais, a energia dos Manifestadores vem em explosões; pode ser inconsistente. Para tirar o máximo proveito da sua energia, você precisa trabalhar quando sua criatividade flui e precisa descansar, se divertir e se recuperar sempre que não está sentindo esse fluxo.

Faça refeições saudáveis e nutritivas quando estiver no modo criativo e permita-se viver de luz quando estiver no modo descanso.

Uma boa noite de sono é essencial para você. Tente ir para a cama cedo *antes* de se sentir cansado e passar um tempo diariamente com sua própria aura para limpar e liberar a energia dos outros.

## PROPOSTAS DE DIÁRIO PARA OS MANIFESTADORES

Descobrindo e curando o passado:

- Onde no meu passado eu estive em Alinhamento com meu Tipo Manifestador?
- Onde no passado expressei meu Tema Não Eu, a Raiva?
- Quais crenças limitantes do meu passado precisam ser curadas e abandonadas para que eu possa assumir meu poder como Manifestador?

Alinhando-se com o agora:

- Com o que me identifico em meu Tipo Manifestador?
- A que estou resistindo em meu Tipo Manifestador?
- O que eu estou mais curioso para experimentar primeiro em relação ao meu Tipo Manifestador?

Criando o futuro:

- Quais são as três coisas que farei hoje para estar mais em Alinhamento com o meu Tipo Manifestador?
- Como meu Tipo Manifestador pode me apoiar no futuro?
- Como a vida será especificamente melhor no futuro porque estou vivendo em Alinhamento como Manifestador?

Sempre me senti deslocada na minha família. Não me sentia amada ou cuidada porque me sentia difícil de lidar. Eu sentia como se estivesse irritando as pessoas em todos os lugares.

Agora que tenho vivido segundo meu experimento no Desenho Humano por alguns anos, devo dizer que minha vida mudou quando descobri que era uma Manifestadora. A aura de repulsa, não gostar de receber ordens, não ter tanta energia como a maioria das pessoas ao meu redor e ser diferente de muitas outras pessoas que eu conhecia, permitiu-me ser meu próprio eu peculiar com a cabeça erguida.

Sempre soube que estava aqui para algo grande e ainda estou trabalhando para entender isso. Mas quanto mais eu relaxo e navego minhas ondas emocionais, melhor fica minha vida. Não tomo decisões precipitadas com tanta frequência e vejo os resultados de não fazer isso. Aceitei minha singularidade e agora enxergo isso como um ponto forte. Sinto que passei de patinho feio a cisne por meio da minha experiência.

– Deb

# 8.

# GERADOR: TIPO E ESTRATÉGIA SEM COMPLICAÇÃO

*Os Geradores são construtores — você prospera quando encontra e se compromete com o trabalho que realmente ama e sente fazer uma diferença.*

*Os Geradores representam cerca de 38% da população.*

TRÊS COISAS QUE TODO GERADOR PRECISA SABER:

- Você está aqui para ser iluminado pelo trabalho que faz;
- Sua energia não vem da mente, ela vem do seu Centro Sacral;
- A obrigação bloqueará o seu magnetismo natural.

TRÊS COISAS QUE TODO GERADOR PRECISA FAZER:

- Os limites são seus melhores amigos; aprenda a dizer "não" sempre que se sentir bem, sem precisar dar explicação;
- Pare de anular seus instintos (ou Resposta Sacral) com a mente;
- Movimente seu corpo sempre que puder.

## OLÁ, GERADOR!

Você é um trabalhador apaixonado e comprometido que prospera quando faz as coisas que ama. Você foi Desenhado para centrar sua vida ao tomar uma ação em resposta às coisas que o alegram, e é só o começo — ao fazer o que ama, faz uma contribuição essencial para tornar este mundo um lugar melhor.

Os Geradores estão na Terra para serem os construtores de um mundo melhor — este chamado exige fazer o que o empolga, depois construir e expandir. O domínio do trabalho e do empoderamento pessoal está ao seu alcance, junto com a capacidade de manifestar e expandir seus horizontes. No entanto, é fácil para os Geradores ficarem sobrecarregados, assumirem mais do que podem controlar e dizerem "sim" para muitas coisas em vez de focarem onde têm mais paixão e, portanto, podem produzir maior impacto. Sua jornada para ter a melhor vida significa aprender a respeitar suas respostas instintivas para pessoas, lugares, oportunidades e sinais externos. Este é o seu Sacral dizendo "Sim, eu tenho energia para isso" ou "Não, não tenho energia para isso".

Nas próximas páginas, desvendaremos a essência dos Geradores: alguns de seus traços dominantes, sua estratégia para viver em Alinhamento, seus Temas Assinatura, a importância de aceitar sua autenticidade e os segredos para desbloquear seu pleno potencial.

Lembre-se, embora esta seção fale diretamente aos Geradores, vale a pena ler, independentemente do seu Tipo. O conhecimento aqui pode ajudá-lo a entender melhor e se relacionar com os Geradores em sua vida, para que você possa ser sua melhor versão nos relacionamentos. Além disso, você nunca sabe qual parte da sabedoria pode ajudar a guiá-lo em seu próprio experimento no Desenho Humano — mesmo que o conselho seja para um Tipo diferente do seu.

## O QUE CONSTITUI UM GERADOR?

Os Geradores possuem um Centro Sacral definido e isso os diferencia dos outros Tipos. Ao contrário dos Manifestadores, você não tem um Centro da Garganta definido, criando uma dinâmica única que o equipa para responder a estímulos externos. Simplificando, você tem um instinto incrível; só precisa aprender a ouvir e agir sem deixar que sua mente o desafie.

Quando prestar atenção e ficar presente em sua vida e em tudo o que acontece no ambiente, bem como reconhecer sua reação instintiva imediata às circunstâncias, começará a notar padrões em termos do que lhe parece bom e autêntico. Você aprenderá a reconhecer as coisas para as quais tem energia em oposição àquelas para as quais não tem (lembre-se, sua Resposta Sacral lhe dá um "sim" quando você tem energia e um "não" quando não tem). Ao fazer escolhas que refletem significativamente o que seu instinto está lhe dizendo, você será invencível.

Como Gerador, sua missão no mundo é criar a energia da força vital para o planeta fazendo o que o alegra. Você é um mestre de obras e quando responde com um "sim", que é autêntico no seu caso, o imenso poder do seu Sacral leva-o a construir, manifestar e expandir.

O QUE CONSTITUI UM GERADOR?

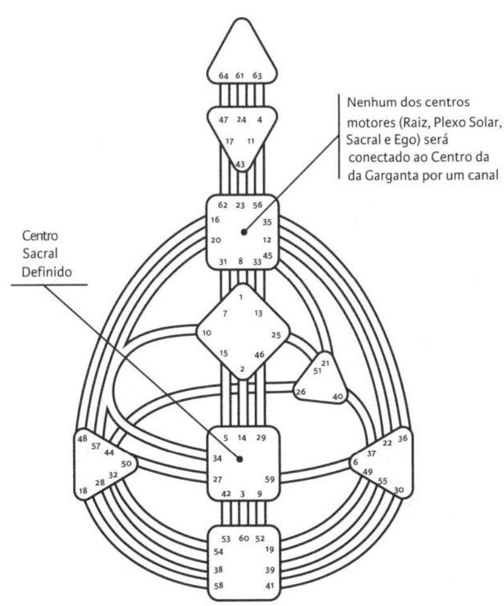


## SUA ESTRATÉGIA: RESPONDER

Sua Estratégia é o componente principal para transformar sua vida com o Desenho Humano. Você pode contar com sua Estratégia em todos os aspectos da vida: desde acordar pela manhã, realizar suas tarefas diárias e interagir com o mundo até ir dormir à noite. Quando você entende e segue sua Estratégia, o crescimento acontece. Pode levar algum tempo para descobrir como é viver sua Estratégia e como se sente no dia a dia — mas lembre-se, sua jornada no Desenho Humano é experimentar.

Como Gerador, sua Estratégia é Responder. Vejamos o que isso significa. Os Geradores prosperam quando agem em resposta direta a algo externo a eles, como pessoas, lugares, experiências e oportunidades. O envolvimento do seu Centro Sacral é o segredo e sua resposta será provocada por algo externo (ou seja, não uma inspiração ou uma intuição, mas algo no ambiente externo). Isso significa que você precisa estar presente e aberto para observar, respeitar e agir de acordo com sua resposta instintiva às coisas que acontecem em seu ambiente durante o dia.

Seguir a sua Estratégia para Responder ao ambiente externo, a pessoas, lugares e experiências é, em última análise, um exercício de identificar e seguir sua verdade.

### EXPERIMENTE ISTO

Uma grande parte da jornada do Gerador é aprender a confiar em seu instinto do que é correto ou *não* — isso se manifesta no corpo por meio de um "aham" ou um "não mesmo" básico. Para ter uma ideia de como é aquele "aham" ou "não mesmo" instintivo para você, peça a um ente querido que o ajude a estabelecer uma base, fazendo-lhe algumas das seguintes perguntas e convidando-o a responder na hora com um simples "aham" ou "não mesmo".

Seu nome é _________?

Você nasceu em _________?

Você mora em _________?

Você tomou café esta manhã?

Está com fome?

Preste atenção na sensação em seu corpo quando você responde com "aham" e "não mesmo".

Quando se familiarizar com sua resposta "aham" e "não mesmo", pode passar para perguntas maiores, como:

Você se sente alegre com seu trabalho?

Está satisfeito com sua vida?

Está trabalhando nas coisas que você quer?

## TEMA ASSINATURA DA SATISFAÇÃO

Viva em Alinhamento aceitando a satisfação e aprendendo com a frustração. Como Gerador, seu Tema Assinatura é a *Satisfação*.

Quando você age com Alinhamento, experimenta um profundo contentamento em seu corpo e no ambiente. Essa satisfação decorre de um trabalho bem-feito e pode se manifestar em pequenas ou grandes vitórias.

## TEMA NÃO EU DA FRUSTRAÇÃO

Enquanto isso, seu Tema Não Eu é a *Frustração*.

Muitas vezes, a Frustração se infiltra quando você pensa demais, sem confiar na sua Resposta Sacral. É um sinal de desconexão com seu fluxo natural. Sempre que se sentir preso e frustrado, o melhor remédio é movimentar seu corpo para liberar a energia reprimida.

EXPERIMENTE ISTO

Passe os próximos dias documentando os momentos em que se sente Satisfeito ou Frustrado.

Anote o que aconteceu pouco antes de se sentir Frustrado ou Satisfeito com cada resposta e desenvolva uma consciência dos ambientes e das situações que desencadeiam Frustração e Satisfação. Planeje colocar limites conscientemente onde a Frustração é desencadeada e faça mais do que o deixa Satisfeito.

Quando você não pode evitar a Frustração, veja o que está surgindo dentro de você. O que a Frustração está tentando lhe mostrar?

## SUA JORNADA DE RECONDICIONAMENTO

Os Geradores costumam ser condicionados a dizer "sim" para tudo. Isso desconsidera a orientação Sacral e contribui para ter poucos limites, o que pode levar ao sentimento de ressentimento, exaustão e resultar em um burnout funcional.

O QUE É BURNOUT FUNCIONAL?

É o que acontece quando você realiza todas as tarefas do trabalho e da vida com desinteresse, mesmo se sentindo completamente exausto, sobrecarregado e sem Alinhamento. Você pode sentir que não tem mais paixão pelo trabalho ou pela vida; está apenas vivendo o Feitiço do Tempo e obedecendo aos hábitos. É um problema que afeta regularmente os Geradores e os Geradores Manifestantes quando eles não reconhecem um sinal externo para parar e descansar.

A melhor forma de evitar o burnout funcional é aprender a reconhecer e respeitar sua Resposta Sacral. Esta seção, bem como as seções Manifestador, Gerador Manifestante e Autoridade Sacral deste livro, podem ajudá-lo nisso.

Como você foi condicionado a ultrapassar seus próprios limites, sempre pode ter desafios em torno de se sentir usado. Você pode ter medo de rejeição se disser "não" e, como está condicionado a dizer "sim" para tudo, é provável que tenha problemas para identificar o que realmente o alegra.

Mas não desanime por causa do seu condicionamento. Você *pode* se recondicionar para viver em Alinhamento com seu Desenho.

O primeiro passo para se recondicionar é abandonar crenças limitantes como "tenho que fazer tudo sozinho" e "eu posso, então devo". Substitua-as por crenças que fortalecem o reconhecimento do valor da sua energia poderosa e do seu direito de dizer "não" quando algo não o alegra.

MANTRAS PARA OS GERADORES

*Minha poderosa energia importa e eu mereço dizer "não" a qualquer coisa que não me alegra.*

*Quando eu digo um "não" alinhado, é um presente para mim E para a outra pessoa.*

*Eu sigo meu maior entusiasmo em cada momento.*

*Estou construindo um mundo novo, guiado pelo que me alegra.*

## DICAS PRÁTICAS PARA OS GERADORES

**Comunicação**

Incentive as pessoas a lhe fazerem perguntas de sim/não — você é Desenhado para dividir a informação em algo que seu Sacral possa responder com um "Sim, tenho energia para isto" ou "Não, não tenho energia para isto".

Se não for possível responder com sim/não, você pode se beneficiar dividindo as perguntas complexas em partes menores e mais gerenciáveis.

Você gosta de falar sobre o que o alegra, então pare de reclamar daquilo para o qual não tem energia e comece a falar sobre todas as coisas (grandes e pequenas) que o divertem.

Lembre-se de que a sua comunicação mais autêntica e poderosa ocorre quando flui naturalmente em resposta ao ambiente externo, a pessoas, lugares e experiências. Essa resposta é onde você pode aproveitar totalmente o que lhe é autêntico e tirar o máximo proveito do seu Desenho Humano como Gerador.

**Relacionamentos**

Nos relacionamentos, você prospera quando seu compromisso com o trabalho — com as coisas que o alegram — é apreciado e respeitado. Você também precisa estar perto de pessoas que respeitem seu estilo de comunicação, dispostas e capazes de trabalhar para se adaptar.

Você precisa ter limites claros em seus relacionamentos, do contrário, acabará assumindo muitas responsabilidades, levando ao ressentimento.

Ter um parceiro que respeite seu processo de Gerador sem julgamento é essencial para o seu bem-estar. Você precisa ser livre para seguir o que o alegra sem ter que se explicar ou justificar.

A energia sexual e íntima é uma grande parte da sua energia Sacral/Geradora. Pratique equilibrar as vidas íntima e profissional, em vez de se entregar muito a uma ou outra.

**Saúde e bem-estar**

Sua energia está disponível quando seu Sacral diz "aham", então trabalhe o quanto lhe parecer correto, mas lembre-se de equilibrar o descanso e a diversão com o trabalho que você ama — os Geradores precisam de tempo livre também.

Tenha cuidado para abastecer seu corpo com refeições saudáveis e lanches regulares — seu Centro Sacral precisa de muita energia!

Para permanecer conectado com seu Sacral, é importante usar sua energia todos os dias. Movimente o corpo fazendo algo de que você gosta — faça até se sentir cansado.

Descanse melhor indo para a cama quando estiver pronto e capaz de pegar direto no sono.

## PROPOSTAS DE DIÁRIO PARA OS GERADORES

Descobrindo e curando o passado:

- Onde no meu passado eu estive em Alinhamento com meu Tipo Gerador?
- Onde no passado expressei meu Tema Não Eu, a Frustração?
- Quais crenças limitantes do meu passado precisam ser curadas e abandonadas para que eu possa assumir meu poder como Gerador?

Alinhando-se com o agora:

- Com o que me identifico no meu Tipo Gerador?
- A que estou resistindo em meu Tipo Gerador?
- O que estou mais curioso para experimentar primeiro em relação ao meu Tipo Gerador?

Criando o futuro:

- Quais são as três coisas que farei hoje para estar mais em Alinhamento com meu Tipo Gerador?
- Como meu Tipo Gerador pode me apoiar no futuro?
- Como a vida será especificamente melhor no futuro porque estou vivendo em Alinhamento como Gerador?

# 9.

# GERADOR MANIFESTANTE: TIPO E ESTRATÉGIA SEM COMPLICAÇÃO

*Os Geradores Manifestantes existem para demonstrar o potencial humano; você inspira e impacta os outros tendo uma vida mais autêntica.*

*Os Geradores Manifestantes constituem cerca de 32% da população.*

TRÊS COISAS QUE OS GERADORES MANIFESTANTES PRECISAM SABER:

- Você está aqui para demonstrar o potencial humano; você pode ser um super-humano;
- Você é um ser não linear — estar em todo o lugar é sua magia;
- Você também precisa de descanso, recuperação e diversão.

TRÊS COISAS QUE OS GERADORES MANIFESTANTES PRECISAM FAZER:

- Permita-se ser intenso, ocupar espaço e ser você mesmo!
- Siga suas múltiplas paixões;

- Confie na complexidade, destruindo e refazendo: você está aqui para construir algo melhor e extraordinário.

## OLÁ, GERADOR MANIFESTANTE!

Você é o tipo de pessoa que desperta curiosidade e atração onde quer que vá. Provavelmente já lhe disseram que é extraordinário como você faz as coisas — e é exatamente assim que está destinado a ser! Seu talento para se destacar na multidão não o torna "estranho" — é um elemento integrante do seu Desenho Humano.

Os Geradores Manifestantes incorporam um tipo híbrido, combinando as características dos Manifestantes e dos Geradores — então volte e leia mais sobre esses Tipos.

Os Geradores Manifestantes são pessoas não lineares, com várias paixões, que nunca seguirão um caminho singular, sobretudo em seu trabalho, onde suas respostas são internamente governadas pelo Sacral. Às vezes, esse ritmo interno, combinado com uma abordagem ágil e pouco convencional, pode irritar as outras pessoas. No entanto, aprender a aceitar seu impacto único e poderoso é essencial para seu sucesso.

Nas próximas páginas, desvendaremos a essência dos Geradores Manifestantes: alguns de seus traços dominantes, sua estratégia para viver em Alinhamento, seus Temas Assinatura, a importância de aceitar sua autenticidade e os segredos para desbloquear todo seu potencial.

Lembre-se, embora esta seção fale diretamente aos Geradores Manifestantes, vale a pena lê-la independentemente do seu Tipo. O conhecimento aqui pode ajudá-lo a entender melhor e se relacionar com os Geradores Manifestantes em sua vida, para que vocês possam ser as melhores versões de si mesmos nos relacionamentos. Além disso, você nunca sabe que parte da sabedoria pode ajudar a guiá-lo em seu próprio experimento no Desenho Humano — mesmo que o conselho seja para um Tipo diferente do seu.

## O QUE CONSTITUI UM GERADOR MANIFESTANTE?

A energia dos Geradores Manifestantes combina alguns aspectos dos Manifestantes e dos Geradores. Seu Desenho único inclui um Centro Sacral (como os Geradores) *e* um Centro da Garganta definidos, a característica marcante dos Manifestadores. Isto os torna energeticamente independentes como os Manifestadores, ou seja, não precisam da energia dos outros para se manifestar, mas querem pessoas com quem se identificam ao redor.

Seu Sacral definido é uma fonte de energia incrível que o impulsiona na vida. Isso o diferencia, permitindo-lhe usar um poder e uma vitalidade específicos e palpáveis em sua presença. Juntamente com seu Centro da Garganta definido, significa um canal direto entre a energia e a capacidade de articular e manifestar os desejos em realidade.

Essa energia não linear se traduz em um jeito de ser que não segue o passo a passo convencional. Seu sistema interno de orientação, junto com sua rápida capacidade de resposta, o leva a se mover rapidamente e, às vezes, passar adiante sem tomar todas as medidas que os outros tomariam para ter os mesmos resultados. É uma forma fluida, adaptável e instintiva de agir que o distingue, permitindo explorar e expressar inúmeras paixões.

O QUE CONSTITUI UM GERADOR MANIFESTANTE?

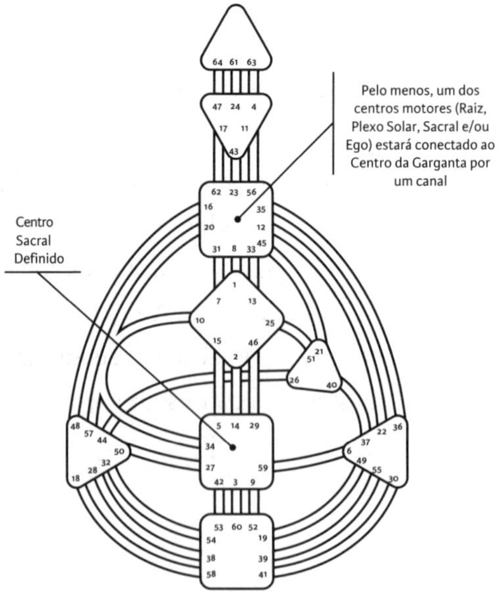

## SUA ESTRATÉGIA: RESPONDER E INFORMAR

Sua Estratégia é o componente principal para transformar sua vida por meio do Desenho Humano. Você pode contar com ela em todos os aspectos da vida: desde acordar pela manhã, realizar suas tarefas diárias e interagir com o mundo até ir dormir à noite. Quando você entende e segue sua Estratégia, o crescimento acontece. Pode levar algum tempo para descobrir como é viver sua Estratégia e como você se sente na vida, diariamente — lembre-se, sua jornada do Desenho Humano é experimentar.

Como Gerador Manifestante, sua Estratégia é Responder e Informar. Detalharemos o que isso significa:

Essa Estratégia está profundamente enraizada em sua capacidade de responder ao ambiente com sua energia Sacral interna.

Você precisa esperar com paciência por algo no ambiente externo que se alinhe com sua Resposta Sacral (veja o exercício "aham" e "não mesmo" da seção Tipo de Gerador, Capítulo 8).

É uma interação delicada entre reconhecer o impacto de uma oportunidade externa e respeitar suas respostas viscerais. Além disso, sua capacidade inata de informar não é igual a buscar permissão; pelo contrário, é sobre expressão autêntica e declaração da direção da sua energia interna, para que você possa promover o Alinhamento com seu Desenho inerente.

### EXPERIMENTE ISTO

Mantenha um diário desta semana com todas as oportunidades que surgiram e como seu Sacral responde a elas. Você teve energia para elas ou não? Reflita sobre as coisas para as quais teve ou não energia — este é o seu Sacral guiando-o para um Alinhamento maior. A partir daí, informe as pessoas sobre seus planos — isso o ajuda a se comprometer e leva os outros a defenderem ou transmitirem seus esforços.

## TEMAS ASSINATURA DA SATISFAÇÃO E DA PAZ

Viva em Alinhamento aceitando a Satisfação e a Paz, e aprenda com a Raiva e a Frustração. Como Gerador Manifestante, seus Temas Assinatura são a Satisfação e a Paz.

A Satisfação é diferente para todos, então reserve um tempo para ficar ciente de como você a experimenta: você pode ter Satisfação ao concluir uma tarefa com eficiência, ao estar alinhado com sua verdadeira vocação, através da alegria de se envolver em atividades diversas que ressoam em sua natureza com diversas paixões, tudo isso ou algo completamente diferente. Esse Tema age como uma bússola, indicando quando você está em sincronia com seu eu autêntico.

Você também prospera quando se sente em Paz. Pode ser de forma mental, física e/ou emocional, por meio do ambiente pacífico interno ou externo que você se sente livre para criar. Tal Paz requer estar presente em seus relacionamentos, nos espaços físicos que você ocupa ou nos momentos de harmonia interna. Quando você tem uma sensação de Paz interior, significa seu Alinhamento e serve como um guia para avaliar se está em sincronia com seu Desenho.

## TEMAS NÃO EU DA FRUSTRAÇÃO E DA RAIVA

Por outro lado, seus Temas Não Eu são a Frustração e a Raiva.

A Frustração e a Raiva são indicadores de desalinhamento, levando-o a prestar atenção nos elementos que perturbam seu fluxo natural. A Frustração muitas vezes surge quando você está preso em uma análise excessiva ou suas respostas naturais são questionadas, ou discutidas. Já a Raiva surge quando seus impulsos criativos são interrompidos ou as pressões externas sufocam seu fluxo autêntico. Esses temas sinalizam quando há um desvio do seu estado natural, fazendo-o se realinhar com seu eu autêntico.

EXPERIMENTE ISTO

Sintonize sua Resposta Sacral e aprenda mais sobre quais pessoas, lugares e experiências iniciaram seus Temas Assinatura e Não Eu esta semana fazendo regularmente as seguintes perguntas de sim/não:

Eu me sinto satisfeito agora?
Eu me sinto em paz agora?
Eu me sinto frustrado agora?
Eu me sinto com raiva agora?

Sempre que a resposta para qualquer uma dessas perguntas for "sim", observe o que aconteceu externamente bem antes de se sentir de tal modo e explore como essa experiência pode ter desencadeado o sentimento que você está tendo.

## SUA JORNADA DE RECONDICIONAMENTO

Como Gerador Manifestante, você foi provavelmente condicionado pela sociedade e pelas figuras de autoridade para se conformar, reprimir sua grande energia e aceitar qualquer responsabilidade colocada em você. Com o tempo, isso leva a sentimentos de ressentimento e impede que você viva em Alinhamento, forçando-o a trabalhar mais e fazer mais. Superar essas crenças limitantes envolve reconhecer seu imenso potencial e transcender os medos de ser percebido como "demais".

É provável que também tenha tido vergonha de como aborda as tarefas e, ao longo do tempo, tenha sido condicionado a ser perfeccionista. Você pode ter medo de desistir, realizar tarefas uma por vez e seguir modos lineares de ser e trabalhar que não se alinham ao seu Desenho.

O condicionamento que você encontrou pode tê-lo incentivado a se acalmar, a menosprezar suas habilidades inatas, se ajustar e corresponder às expectativas da sociedade. A pressão para se conter, para responder às expectativas convencionais, pode tê-lo levado a assumir além da sua justa parte nas responsabilidades, muitas vezes resultando em sentimentos de ressentimento e desalinhamento com seu eu autêntico.

Recondicionar envolve eliminar essas crenças limitantes, reconhecendo seu vasto potencial e aceitando sua grandeza sem medo de ser percebido como exagerado.

Para você, o processo de recondicionamento trata de eliminar as camadas de pressões familiares e sociais que levaram à insegurança e à supressão da sua energia inata. Sua jornada de recondicionamento significa aceitar sua energia não linear e suas verdadeiras capacidades, cultivando uma compreensão de que ser autenticamente "você" não é apenas aceitável, mas essencial para seu alinhamento e bem-estar.

MANTRAS PARA OS GERADORES MANIFESTANTES

*Minha poderosa energia importa e eu mereço dizer "não" para o que não me alegra.*

*Sigo meu maior entusiasmo a cada momento.*

*Sou um super-humano e mereço experimentar meu maior potencial.*

*Estou inspirando os outros com minha complexidade, paixão, autenticidade e meu poder para seguir meu caminho único.*

## DICAS PRÁTICAS PARA VIVER EM ALINHAMENTO COM SEU TIPO GERADOR MANIFESTANTE

**Comunicação**

Você se comunica com mais eficiência quando são feitas perguntas de sim/não que lhe permitem responder autenticamente com o Sacral em vez de com a mente.

Quando um assunto não for adequado às perguntas de sim/não, tente desconstruir o problema em partes menores para poder abordar uma coisa por vez.

**Relacionamentos**

Ao se tratar de cultivar relacionamentos bem-sucedidos como um Gerador Manifestante, você precisa se cercar de pessoas que compreendam e defendam seus processos de trabalho distintos.

Nos relacionamentos, você precisa da liberdade de ser você mesmo e seguir seu próprio caminho. Ser energeticamente independente pode significar ter menos probabilidade de precisar dos outros; no entanto, você ainda desejará que os outros compartilhem de sua jornada.

Pedir ajuda é um músculo importante para você desenvolver, pois provavelmente não acontecerá de forma natural.

Você irá prosperar nos relacionamentos quando seu parceiro apreciar o trabalho que você faz.

**Saúde e bem-estar**

Seu bem-estar como Gerador Manifestante está intimamente ligado a reconhecer e respeitar suas Respostas Sacrais.

Você tenderá a ter um grande apetite; o Sacral precisa de muito combustível, em especial até os 40 anos de idade.

Como Gerador Manifestante, o movimento físico diário é muito importante para sua energia. Se você se sentir preso, movimente o corpo. Ao se sentir triste, movimente o corpo. Se precisar de energia, movimente o corpo.

É importante que você tenha tempo para relaxar antes de dormir, pois leva tempo para acalmar seu sistema nervoso; você é como uma Ferrari — movendo-se o dia inteiro em grande velocidade, mas seu motor só se recupera quando esfria.

Realize atividades que realmente despertem sua paixão e se permita seguir no seu próprio ritmo, mesmo que não corresponda ao que os outros estão fazendo.

## PROPOSTAS DE DIÁRIO PARA OS GERADORES MANIFESTANTES

Descobrindo e curando o passado:

- Onde, no passado, eu estive em Alinhamento com meu Tipo Gerador Manifestante?
- Onde, no passado, expressei meus Temas Não Eu, a Raiva e a Frustração?
- Quais crenças limitantes do meu passado precisam ser curadas e abandonadas para que eu possa assumir meu poder como Gerador Manifestante?

Alinhando-se com o agora:

- Com o que me identifico em meu Tipo Gerador Manifestante?
- A que estou resistindo no meu Tipo Gerador Manifestante?
- O que estou mais curioso para experimentar primeiro em relação ao meu Tipo Gerador Manifestante?

Criando o futuro:

- Quais são as três coisas que farei hoje para estar mais em Alinhamento com o meu Tipo Gerador Manifestante?
- Como meu Tipo Gerador Manifestante pode me apoiar no futuro?
- Como a vida será especificamente melhor no futuro porque estou vivendo em Alinhamento como Gerador Manifestante?

# 10.

# PROJETOR: TIPO E ESTRATÉGIA SEM COMPLICAÇÃO

*Os Projetores são pensativos e sábios — você existe para ajudar os outros a encontrar seu caminho e usar sua energia com mais eficiência.*

*Os Projetores representam cerca de 20% da população.*

TRÊS COISAS QUE TODO PROJETOR PRECISA SABER:

- Os convites chegarão quando você tiver energia para atendê-los;
- Você se sai melhor em conversas individuais, embora possa mandar bem interagindo com várias pessoas;
- Você está aqui para orientar pessoas específicas.

TRÊS COISAS QUE TODO PROJETOR PRECISA FAZER:

- Descanse, recupere-se, aprenda e divirta-se quando não houver convites;
- Pare de levar o desinteresse das pessoas para o lado pessoal e trabalhe em sua sabedoria;

- Rodeie-se de pessoas que valorizam sua sabedoria, opinião e orientação — pessoas que o veem e reconhecem.

## OLÁ, PROJETOR!

Você é um guia sábio e atencioso para os outros. Sua perspectiva e empatia são procuradas, e você é Desenhado exclusivamente para orientar os outros em suas próprias jornadas.

Você está aqui para observar, entender e dar conselhos sobre como vê os outros usando a energia, compartilhar eficiências e dar conselhos sobre como eles podem fazer as coisas de forma diferente, melhor e mais eficaz, e prosperar. Embora possa ser um desafio aprender como e quando compartilhar sua sabedoria, e como lidar com os sentimentos difíceis que surgem quando sua orientação não é valorizada, saiba que seu ponto de vista único é uma peça essencial do quebra-cabeça para um mundo melhor. Quando encontra os lugares certos para oferecê-lo, você tem um impacto incrível e duradouro.

Nas próximas páginas, desvendaremos a essência dos Projetores: alguns de seus traços dominantes, sua estratégia para viver em Alinhamento, seus Temas Assinatura, a importância de aceitar sua autenticidade e os segredos para desbloquear seu potencial completo.

Lembre-se, ainda que esta seção fale diretamente aos Projetores, vale a pena lê-la independentemente do seu Tipo. O conhecimento aqui pode auxiliá-lo a entender melhor e se relacionar com os Projetores em sua vida, para que ambos possam ser as melhores versões de si mesmos em um relacionamento. Além disso, você nunca sabe que parte da sabedoria pode ajudar a guiá-lo em seu próprio experimento do Desenho Humano — mesmo que o conselho seja para um Tipo diferente do seu.

## O QUE CONSTITUI UM PROJETOR?

Quando observar seu gráfico corporal, poderá notar que os Centros Sacral e da Garganta são indefinidos. São as qualidades que o definem como

Projetor e que o tornam exclusivamente qualificado para encorajar os outros por meio de uma profunda compreensão e orientação cuidadosa.

Na verdade, toda a sua missão de vida é guiar os outros para que possam usar sua própria energia com mais eficiência. Com sua ajuda, todos os Tipos no Desenho Humano podem buscar seus próprios propósitos e juntos podemos trabalhar para uma vida melhor para nós mesmos e um mundo melhor para todos.

No entanto, é importante entender como e quando sua orientação será útil e guardar seu conselho até que você seja convidado a compartilhá-lo. Veja mais sobre isso em seguida.

O QUE CONSTITUI UM PROJETOR?

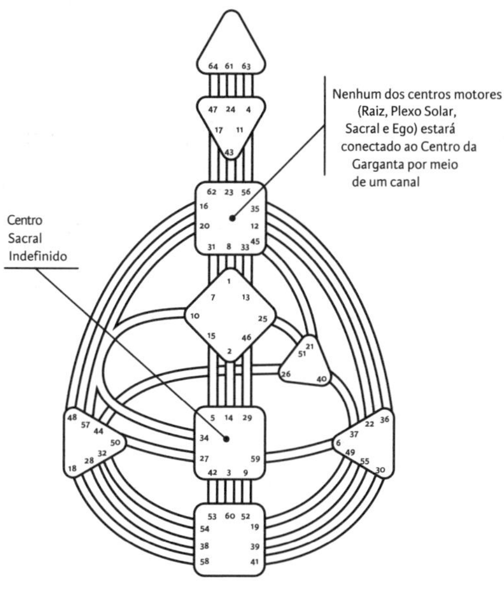


## SUA ESTRATÉGIA: ESPERAR POR UM CONVITE

Sua Estratégia é o componente principal para transformar sua vida por meio do Desenho Humano. Você pode contar com ela em todos os aspectos da sua vida: desde acordar pela manhã, realizar suas tarefas diárias e interagir com o mundo até ir dormir à noite. Quando você compreende e segue sua Estratégia, o crescimento acontece. Pode demorar fazer experimentos e descobrir como é viver a Estratégia em sua vida, diariamente — lembre-se, sua jornada do Desenho Humano é sobre experimentar.

Como Projetor, sua estratégia é Esperar pelo Convite. Iremos esclarecer isso. Como você pode ter adivinhado, Esperar pelo Convite significa que você precisa guardar sua energia e sua orientação até que lhe seja pedido para dá-las.

Isso nem sempre é fácil, mas é essencial: se você não esperar pela pergunta, sua orientação (mesmo estando totalmente certa) provavelmente cairá no vazio. É melhor esperar que as pessoas realmente o entendam e respondam à sua energia, que o procurem e peçam para lhes oferecer sua sabedoria.

Sua Estratégia o desafia a conhecer o valor de sua própria sabedoria, confiar que sua orientação será necessária, que ela importa e que você será procurado quando for o momento certo.

Ao passo que você é corajoso o suficiente para esperar, as oportunidades que aparecem muito provavelmente corresponderão à sua capacidade energética e serão mais adequadas ao seu conhecimento.

Só porque você está esperando, não significa que precisa ser passivo. Quando não houver convites, invista em si mesmo: descansar, se divertir e aprender são métodos de aprofundar sua própria sabedoria, e conforme o convite vier, você estará pronto e preparado para compartilhar. Pense nisso como permitir a uma flor desabrochar em seu próprio tempo: seu foco deve estar em nutrir sua própria sabedoria e à medida que as condições estiverem certas, seu conhecimento e orientação florescerão para a devida pessoa.

### EXPERIMENTE ISTO

Fato divertido: os Projetores não foram feitos para trabalhar das 8h às 17h. Na verdade, você é mais eficiente quando trabalha cerca de três horas por dia e depois tem tempo suficiente para descansar, se divertir e refletir.

Essa sugestão pode parecer pouco realista, mas como Projetor, você tem a capacidade de fazer ***mais*** com ***menos***. Um dos seus superpoderes é encontrar eficiências e quando as usa para fazer mais com menos, pode respeitar sua energia.

Por uma semana, foque a eficiência. Debata como você pode fazer as coisas melhor e mais rápido, com a intenção de reduzir seu tempo de trabalho.

Faça apenas o trabalho que foi convidado a fazer — não se permita assumir tarefas ou se voluntariar para dar orientação sobre coisas para as quais não foi expressamente chamado a opinar.

Conforme se livra das tarefas que não eram para você e seu tempo de trabalho diminui, preste atenção no que floresce no espaço aberto em sua vida. Quais novas oportunidades alinhadas surgem como resultado de ter espaço para si mesmo? Continue o experimento por mais de uma semana se puder.

## TEMA ASSINATURA DO SUCESSO

Viva em Alinhamento aceitando o Sucesso e aprendendo com a Mágoa. Como Projetor, seu Tema Assinatura é o Sucesso.

Você tem verdadeiro senso de sucesso quando vê como sua sabedoria contribui para o sucesso dos outros. Você realmente prospera e se sente bem-sucedido quando os outros reconhecem o valor que você tem a oferecer. No entanto, não precisa de outras pessoas para aproveitar esse senso de sucesso: reconhecendo e tendo tempo para refletir sobre suas realizações, você também pode o experimentar.

## TEMA NÃO EU DA MÁGOA

Por outro lado, o seu Tema Não Eu é a Mágoa.

Quando sua sabedoria é menosprezada ou ignorada, você pode ficar ressentido com as pessoas que aconselhou e se sentir amargurado com a experiência. É essencial lidar com essa mágoa e entender se ela o está impedindo de reconhecer seu valor. Preste atenção quando sua sabedoria é ignorada porque você não seguiu sua Estratégia e não esperou por um convite.

EXPERIMENTE ISTO

Comece a fazer um registro dos elogios e das notas de reconhecimento que você recebe das pessoas que o convidaram para compartilhar sua experiência, orientação e sabedoria. Repasse os e-mails de agradecimento, os comentários nas redes sociais, as avaliações positivas de desempenho e as notas de agradecimento recebidas para realmente expandir sua coleção.

Sempre que sentir a Mágoa entrando em sua mente, volte para esse registro de Sucessos como prova de que, nas mãos certas, a sua sabedoria é profundamente valorizada e apreciada.

Também preste atenção no que aconteceu um pouco antes de sentir Mágoa — você deu conselhos não solicitados? Buscou validação externa? Preste atenção nesses comportamentos e deixe-os ir — escolha os convites e a sua própria validação.

## SUA JORNADA DE RECONDICIONAMENTO

A jornada de um Projetor envolve livrar-se da insegurança e da necessidade de atenção e validação, e recondicionar-se para confiar em quem você é, no que vê e no que está aqui para dar. Na infância, você pode ter se sentido pressionado a minimizar o que sabia e via, mas agora é a hora de abandonar crenças limitantes e reconhecer sua força. Os Projetores Condicionados costumam trabalhar demais em uma tentativa desesperada de se sentirem vistos e reconhecidos. Devido a essa necessidade de serem reconhecidos, os Projetores podem se empenhar em uma busca de atenção e em uma insistência inábeis, muitas vezes sentindo burnout e baixa autoestima.

Os Projetores Condicionados costumam ser dominados pelo medo: medo de não serem vistos e ouvidos, medo de serem percebidos como preguiçosos ou passivos. Muito desse medo vem do fato de seu Desenho ser bem diferente do da maioria do mundo. Você precisa de muito tempo, espaço e disciplina para esperar, o que pode ser frustrante em um mundo que gosta de uma velocidade vertiginosa. O ritmo do mundo, dominado por Tipos com alta energia, é capaz de fazer você sentir que precisa se obrigar a se apressar para acompanhá-lo. Lembre-se, sua energia única tem seu próprio ritmo e o sucesso não depende só da ação constante. Menos é mais no seu caso.

Para começar a superar os desafios do seu condicionamento, você precisa lidar com seus medos de não ser visto ou ouvido, comprometendo-se em ver e ouvir a si mesmo — reconhecendo seu próprio valor, você pode combater o medo de ser ignorado, validar a si mesmo e sua sabedoria. Você também precisa parar de trabalhar demais nas coisas erradas e deixar a ideia errada de que o sucesso vem da ação constante.

Para abandonar as crenças limitantes e afirmar o valor da sua sabedoria, é preciso afastar quaisquer crenças negativas sobre quem você é. Deixe de lado padrões de pensamento como: "preciso trabalhar muito para ser bem-sucedido e digno", "as pessoas não me ouvirão" ou "meu valor está em quanto posso fazer pelos outros". Em vez disso, trabalhe para ter novas crenças positivas que destacam o valor do seu Desenho único.

MANTRAS PARA OS PROJETORES

*Minha sabedoria é valiosa, e eu só a compartilho quando é convidada por curiosidade.*

*Quando vejo e reconheço a mim mesmo primeiro, os outros fazem o mesmo.*

*Estou aqui para guiar pessoas específicas e eu guardo minha energia para elas.*

*Meu tempo sozinho tem a maior importância para mim e amplia minha capacidade de servir.*

## DICAS PRÁTICAS PARA VIVER EM ALINHAMENTO COM SEU TIPO PROJETOR

**Comunicação**

Os Projetores prosperam em um diálogo aberto e significativo quando sua sabedoria é valorizada e convidada. Convide as pessoas a lhe fazerem perguntas abertas; isso permite a profundidade, a exploração e a conexão significativa que você valoriza na conversa. É também a melhor forma de extrair sua sabedoria única, dando-lhe oportunidades para compartilhar os padrões, as conexões e as eficiências que você vê surgindo por meio do seu talento único para a observação.

Peça o reconhecimento de que precisa. Embora seja importante para os Projetores saírem da dependência da validação externa, também é empoderador ser direto sobre sua necessidade de aceitação e reconhecimento. Seja aberto sobre como as afirmações contribuem para seu bem-estar.

**Relacionamentos**

Quando se trata de relacionamentos com os outros — amigos, família, colegas e conhecidos —, você precisa de um equilíbrio saudável entre seu tempo pessoal e as oportunidades significativas para ter conexão.

Você tem o dom de entender profundamente os outros — é um dom para dar e que requer limites, por isso dê sua energia a quem a pede e a quem você se sente animado em compartilhá-la.

Expresse a importância dos convites e do reconhecimento em seus relacionamentos. Quando esses elementos estão presentes, sua sabedoria flui mais naturalmente, enriquecendo a conexão.

Também incentive as pessoas a entenderem que você existe para ser visto e reconhecido; deixe as pessoas saberem que é como uma linguagem de amor para você.

Por fim, tenha bons limites em torno do seu tempo pessoal. Você deve ter espaço para recarregar; isso pode ser um tempo sozinho, estar na natureza, ler etc. Comunique sua necessidade de tempo com os outros, caso contrário, será atraído pela energia e pelos desejos das outras pessoas. Sua energia flutua e entender esse ritmo é fundamental para manter relacionamentos saudáveis.

**Saúde e bem-estar**

Graças ao seu Centro Sacral indefinido, provavelmente você tem altos e baixos flutuantes em seus níveis de energia, muitas vezes dependendo do que, e de quem, está ao redor. Por isso, você precisa saber o que lhe dá e tira energia, assim como precisa se sentir confortável seguindo seu próprio ritmo, mesmo que pareça em desacordo com as outras pessoas em sua vida.

Quando se trata de abastecer seu corpo com alimentos, concentre-se em ingerir comidas leves e apenas quando sentir fome.

Lembre-se de que menos é mais em tudo o que você faz, então não exagere no trabalho, na academia ou na ioga. Passe um tempo na natureza, beba água, medite, dance — qualquer coisa que reviva e redefina sua energia.

Construa sistemas de conforto para quando estiver com pouca energia: saiba em quem pode confiar na sua equipe de trabalho ou a quem pode pedir ajuda com os filhos. Planeje um orçamento para refeições prontas ou tenha refeições fáceis à mão.

Você também precisa de sono de qualidade. Tente sempre ir para a cama antes de se sentir cansado e relaxe lendo, fazendo um diário ou meditando. Se puder, durma sozinho, mesmo que seja apenas uma vez por semana.

## PROPOSTAS DE DIÁRIO PARA OS PROJETORES

Descobrindo e curando o passado:

- Onde no passado eu estive em Alinhamento com meu Tipo Projetor?
- Onde no passado expressei meu Tema Não Eu, a Mágoa?
- Quais crenças limitantes do meu passado precisam ser curadas e abandonadas para que eu possa assumir meu poder como Projetor?

Alinhando-se com o agora:

- Com o que me identifico em meu Tipo Projetor?
- A que estou resistindo em meu Tipo Projetor?
- O que estou mais curioso para experimentar primeiro em relação ao meu Tipo Projetor?

Criando o futuro:

- Quais são as três coisas que farei hoje para estar mais em Alinhamento com meu Tipo Projetor?
- Como meu Tipo Projetor pode me apoiar no futuro?
- Como a vida será especificamente melhor no futuro porque estou vivendo em Alinhamento como Projetor?

# 11.

# REFLETOR: TIPO E ESTRATÉGIA SEM COMPLICAÇÃO

*Os Refletores existem para ampliar a energia, vê-la profundamente e trazer consciência para os outros.*

*Os refletores constituem cerca de 1% da população.*

TRÊS COISAS QUE TODO REFLETOR PRECISA SABER:

- Para tomar decisões corretas, os Refletores precisam estar no lugar certo, com as pessoas certas e não ter pressa;
- Você é poderoso e *sabe* quem é! Sua capacidade de ver, sentir, ler e trabalhar com a energia sutil é extraordinária;
- No seu tempo — você é o senhor do tempo, tem todo o tempo do mundo.

TRÊS COISAS QUE TODO REFLETOR PRECISA FAZER:

- Passe um tempo com pessoas curiosas em conhecer *você* em um nível mais profundo;

- Seja disciplinado sobre as pessoas com quem sai e os lugares aonde vai — eles formam sua experiência;
- Confie no seu poder e tempo, acredite na *sua* constante mudança, porque seu coração e sua alma sabem para onde você está indo.

## OLÁ, REFLETOR!

Você é sensível, observador e profundamente sintonizado com a energia dos outros, e foi Desenhado para trazer esses dons tão necessários ao mundo.

Seu Desenho oferece algo verdadeiramente especial para os outros: a oportunidade para eles se verem e verem seu futuro potencial com mais clareza e, fazendo isso, alinharem-se mais autenticamente com quem são.

Você encontra Alinhamento quando presta atenção e toma decisões estruturadas com o modo como as pessoas, os lugares e as experiências o fazem se sentir. Você reflete isso para as pessoas ao redor, quem elas são e o que fazem. Isto lhes dá a oportunidade de se verem com clareza, fazendo mudanças de modo adequado e esclarecendo sua visão ou celebrando onde estão.

Se as pessoas, os lugares e as experiências não o fazem sentir-se bem, então pode ser hora de seguir em frente. Talvez aqueles ao redor não estejam assumindo a responsabilidade por seus comportamentos e projetando-os em você. Talvez você não se sinta visto ou compreendido porque os outros estão perdidos em sua própria reflexão — isso significa que é hora de seguir com um relacionamento, grupo ou trabalho diferente.

Sua energia e forma de ser podem parecer transitórias, mudando de forma e instáveis devido ao modo como você absorve a energia das outras pessoas e a amplifica. Leva tempo e paciência para dominar sua energia, mas confie que as pessoas precisam de você para refletir a verdade de quem elas são.

Nas próximas páginas, desvendaremos a essência dos Refletores: alguns dos seus traços dominantes, sua Estratégia para viver em Alinhamento, seus Temas Assinatura, a importância de aceitar sua autenticidade e os segredos para desbloquear seu pleno potencial.

Lembre-se, embora esta seção fale diretamente aos Refletores, vale a pena lê-la independentemente do seu Tipo. O conhecimento aqui pode ajudá-lo a compreender melhor e relacionar-se com os Refletores em sua vida, para que ambos possam ser as melhores versões de si mesmos nos relacionamentos. E, além disso, você nunca sabe que parte da sabedoria pode ajudar a guiá-lo em seu próprio experimento do Desenho Humano — mesmo que o conselho seja para um Tipo diferente do seu.

## O QUE CONSTITUI UM REFLETOR?

Os Refletores são o Tipo mais raro no Desenho Humano e são identificados por não terem centros definidos. Isso resulta em maior inconsistência energética. Ao contrário dos outros quatro Tipos, a sua consistência não vem dos Centros de energia habituais, mas sim dos temas intrincadamente tecidos em seu Desenho e da dança rítmica do ciclo lunar de 28 dias.

O QUE CONSTITUI UM REFLETOR?

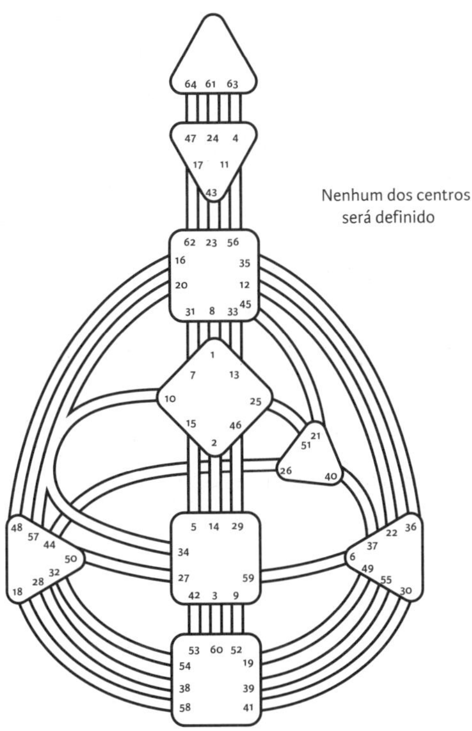

Diferente dos outros Tipos, os Refletores são menos propensos a ficar com a energia das outras pessoas; ao contrário, eles observam, sentem e refletem isso, tendo uma visão única do potencial dos outros e do planeta.

Sua missão é ajudar outras pessoas a verem seu potencial e refletir como as pessoas ao redor podem contribuir para um mundo melhor. Você existe para espelhar e demonstrar a verdade, para ver a energia profundamente, predizer e refletir o potencial inexplorado em uma comunidade ou um indivíduo.

## SUA ESTRATÉGIA: SEGUIR O CICLO LUNAR DE 28 DIAS

Sua Estratégia é o componente principal para transformar a sua vida por meio do Desenho Humano. Você pode contar com ela em todos os aspectos da vida: desde acordar pela manhã, realizar suas tarefas diárias e interagir com o mundo até ir dormir à noite. Quando você entende e segue sua Estratégia, o crescimento acontece. Pode levar algum tempo para descobrir como é a Estratégia na sua vida, diariamente — lembre-se, sua jornada no Desenho Humano é experimentar.

Como Refletor, sua Estratégia é Seguir o Ciclo Lunar de 28 Dias. Iremos esclarecer isso. Simplificando, você precisa se tornar intimamente consciente de como sua energia muda com base em como a Lua se move no mapa. O ciclo lunar se torna sua bússola, fazendo definições de curto prazo à medida que a Lua passa por cada porta. Desacelerar, sentir profundamente e experimentar a vida permitirá que suas decisões únicas surjam aos poucos, em uma sincronia harmoniosa com o Universo.

O mais importante para você como Refletor é desacelerar, ir com calma e rejeitar a pressão de decidir, agir, entregar e responder na linha do tempo de outra pessoa.

EXPERIMENTE ISTO

Acompanhe como você se sente durante todo o ciclo da Lua.

Começando com a próxima Lua Nova, em cada um dos 28 dias seguintes, anote em um diário quanto de energia você tem a cada 10 dias e as energias significativas que você sente, ou seja, medo, alegria, amor, curiosidade etc. Também registre como se sente com as pessoas com quem convive todos os dias.

Ao reservar um tempo para acompanhar os padrões de sua energia, você ficará mais consciente do quanto seu ambiente dita suas escolhas e acabará aprendendo a passar um tempo consigo mesmo, sentindo o que é ser você em cada momento.

## TEMA ASSINATURA DA SURPRESA

Viva em Alinhamento aceitando a Surpresa e aprendendo com a Decepção. Como Refletor, seu Tema Assinatura é a Surpresa.

Você encontra um profundo sentimento de alegre admiração quando descobre potencial em si mesmo e nos outros. Você valoriza as surpresas do potencial realizado e prospera quando consegue compartilhar o potencial que está dentro dos outros.

## TEMA NÃO EU DA DECEPÇÃO

Como Refletor, seu Tema Não Eu é a Decepção.

A Decepção surge quando você vê um potencial não alcançado e é confrontado com o que poderia ter sido. Pode fazer com que se sinta perdido e ter falta de confiança em si mesmo, nos outros e até no Universo.

EXPERIMENTE ISTO

Faça uma lista das pequenas formas de comemorar os momentos surpreendentes do potencial revelado: você pode colher uma flor, ouvir sua música favorita ou dar-se um presente para ajudar a prolongar o prazer da Surpresa.

Enquanto isso, sempre que se sentir Decepcionado, lembre-se do potencial ainda por descobrir. As coisas podem não ter dado certo desta vez, mas há sempre um novo potencial logo ali. Confie que a Surpresa substituirá a Decepção em breve.

## SUA JORNADA DE RECONDICIONAMENTO

Os Refletores Condicionados muitas vezes acabam se transformando em camaleões, se adaptando às necessidades dos outros e perdendo sua verdadeira essência no processo. Como você foi Desenhado para refletir, pode ficar tão perdido em espelhar os outros que perde completamente de vista quem você é e do que precisa.

Quando criança, você pode ter sido elogiado por sua capacidade de se misturar perfeitamente com os outros, curvando-se às necessidades de todos, exceto às suas. Você pode ter sentido uma pressão indevida para se adaptar constantemente e tido um sentimento desestabilizador de não saber quem você é quando não está com outras pessoas.

Mas a autotransformação constante e ter sempre que agradar às pessoas cansa e, em última análise, obscurece seu dom profundo de perceber, sentir, conhecer e refletir energias sutis. Você não existe para se misturar com os outros; você está aqui para ajudar as pessoas a se reconhecerem mais plenamente, para que elas possam se destacar por si mesmas, assim como você. Sua profunda empatia e a capacidade de refletir os outros em si mesmos não o condena a se perder — você simplesmente deve saber como descobrir o que faz você ser quem é e estimular isso.

Para se mover em direção à autenticidade, os Refletores devem abandonar crenças e diretrizes limitantes como, "preciso me apressar", "não sei quem sou porque sou diferente, conforme a pessoa com quem estou" ou "não consigo ser eu mesmo, não me conheço".

Em vez disso, desenvolva crenças que celebrem seu superpoder como Refletor. Reconheça que o dom que você dá aos outros é uma parte notável e singular de quem você é.

MANTRAS PARA OS REFLETORES

*Sou um espelho poderoso, e por isso escolho pessoas poderosas para refletir.*

*Quando eu permito o ir e vir da minha personalidade, sinto surpresa e prazer.*

*A energia sutil é minha praia; confio no que vejo, sinto, sei e reflito.*

*Eu mostro às pessoas a verdade delas.*

## DICAS PRÁTICAS PARA VIVER EM ALINHAMENTO COM SEU TIPO REFLETOR

**Comunicação**

Os Refletores prosperam com perguntas abertas e espaço para refletir e dialogar. Você precisa ter a mesma conversa várias vezes dentro de alguns dias ou até semanas antes de chegar à clareza — isso está perfeitamente alinhado para você. Você opera melhor quando são feitas muitas perguntas sobre si e sua experiência; isso faz com que se sinta visto, em vez de invisível nas reflexões dos outros.

Você também se comunica por meio da energia sutil, como sente a "vibração" — desacelerar para absorver e ler a energia sutil é importante, então você percebe a linguagem corporal, o que não está sendo dito e o que está acontecendo na energia em volta.

**Relacionamentos**

Como os Refletores têm uma energia inconsistente, você precisa se cercar de pessoas satisfeitas em lhe dar espaço e tempo para restaurar seus níveis de energia.

Nos relacionamentos, você precisa estar com uma pessoa que entenda que seu processo requer tempo. Você também quer escolher amigos e parceiros que o encorajem a fazer suas próprias escolhas, em vez de aproveitar sua natureza Refletora.

Os Refletores podem sentir codependência porque as relações em sua vida fornecem consistência e segurança. Se você se identifica com isso, então veja a cura de sua codependência: perceba que você precisa saber quais são suas necessidades e atendê-las primeiro, antes de se preocupar com os outros.

**Saúde e bem-estar**

Você precisa de muito descanso, então não se sobrecarregue — no trabalho, na vida social ou na atividade física. Faça pausas regulares, o máximo possível, e se dedique a tarefas que lhe permitam ir com calma. Não exagere no trabalho, na academia ou na ioga — confie nos sinais do seu corpo.

Seu apetite pode flutuar dependendo da pessoa com quem você está e do ambiente. Preste atenção em como está se sentindo e no que o alimenta versus o que o deixa com fome ou cheio.

Defina limites para dormir muito. Durma sozinho se puder, mesmo que seja uma vez por semana.

## PROPOSTAS DE DIÁRIO PARA OS REFLETORES

Descobrindo e curando o passado:

- Onde no passado estive em Alinhamento com meu Tipo Refletor?
- Onde no passado expressei meu Tema Não Eu, a Decepção?

- Quais crenças limitantes do meu passado precisam ser curadas e abandonadas para que eu possa assumir meu poder como Refletor?

Alinhando-se com o agora:

- Com o que me identifico em meu Tipo Refletor?
- A que estou resistindo no meu Tipo Refletor?
- O que estou mais curioso para experimentar primeiro em relação ao meu Tipo Refletor?

Criando o futuro:

- Quais são as três coisas que farei hoje para estar mais em Alinhamento com meu Tipo Refletor?
- Como meu Tipo Refletor pode me apoiar no futuro?
- Como a vida será especificamente melhor no futuro porque estou vivendo em Alinhamento como Refletor?

# 12.
# SUA AUTORIDADE

O que você pensa quando ouve a palavra "autoridade"? Provavelmente é uma força externa (pais, professores, chefes, governo); em outras palavras, alguém que faz regras que você tem que seguir.

Agora amasse essa ideia de autoridade e jogue-a no lixo. É hora de encontrar sua própria Autoridade Interna e buscar a sabedoria dela para sua vida.

O Desenho Humano pode ajudá-lo a redefinir o que significa autoridade para você. Trabalhar com seu Desenho o faz olhar para dentro e seguir sua própria orientação, em vez de olhar para os outros para ter orientação e validação. Descondicionar-se de confiar em figuras de autoridade externa para lhe dizer o que é correto para você e se recondicionar a confiar no seu próprio sistema interno de orientação que sabe melhor do que ninguém o que é melhor no seu caso.

Quando falamos de Autoridade no Desenho Humano, estamos falando da bússola interna que leva você a dizer "não" para as coisas que não o ajudam a prosperar e "sim" para as escolhas alinhadas com quem você é em essência, apoiando-o na vida que você está aqui para ter.

## FUNDAMENTOS DA AUTORIDADE

Sua Autoridade o guia para estar em Alinhamento com seu eu mais autêntico. Existe para guiá-lo no melhor caminho possível — o caminho que a sua alma veio trilhar nesta vida. Ela o levará a expressar seus dons, a chamar pessoas, lugares e experiências úteis para você, a fazer escolhas e tomar decisões que o levem ao desejo e ao propósito do seu coração.

Cada Autoridade fornece orientação para uma tomada de decisão com base em seu Desenho único e seus superpoderes energéticos. Compreender sua Autoridade permitirá fazer as escolhas corretas, especialmente quando sentir que deveria fazer algo diferente para deixar os outros felizes em vez de escolher o que é melhor para você.

EXAMINE OS CENTROS

Para refrescar a memória sobre os Centros no Desenho Humano, volte para a seção Mapa do Desenho Humano no Capítulo 3.

Sua Autoridade está enraizada na forma como seus Centros de energia funcionam dentro do seu corpo, porque o Desenho Humano nos ensina a tomar as melhores decisões com o corpo, não com a mente. Autoridade não é sobre pensar, raciocinar ou analisar, é sobre sentir.

AUTORIDADE INTERNA VERSUS EXTERNA

Aprender a confiar em sua Autoridade Interna é uma jornada da mente para o corpo. No Desenho Humano, às vezes, chamamos a mente de Autoridade Externa — o que significa que fazemos nosso pensamento servir aos outros, não a nós mesmos. Todo o nosso trabalho mental, raciocínio, análise e aprendizagem podem nos guiar para servir aos outros por meio de nossos dons, talentos e superpoderes. Mas, quando se trata de tomar decisões para nossas próprias vidas e bem-estar, precisamos entender o que o corpo está nos dizendo com o biofeedback, a intuição, nossos sentidos, nossa energia, nossas emoções e próprias vozes — *não* pensando no caminho que leva à resposta.

O mais importante a entender sobre Autoridade agora é que enquanto a mente está investida em seu medo, sua identidade e personalidade, sua Autoridade está investida em guiá-lo passo a passo para viver seu propósito.

Um dos maiores desafios ao começar seu experimento no Desenho Humano é pensar que não se pode sentir sua Autoridade.

Deixe-me aliviar a pressão disso agora: você pode sentir sua Autoridade. Na verdade, você já trabalha com ela, e por toda a sua vida — só não está acessando seu maior potencial. O que você *não está sentindo* é seu corpo. A boa notícia é que seu experimento no Desenho Humano é um processo de reconexão com o corpo e de se permitir ouvir totalmente sua sabedoria.

Um dos princípios básicos do Desenho Humano é ir da mente, especificamente a mente condicionada, para o corpo a fim de obter orientação e tomada de decisão. Compreender sua Autoridade ensina, em especial, o que ouvir e como ouvir para saber o que é correto no seu caso. Seu corpo está dando feedback o tempo todo; pode ser sutil no começo, mas está lá.

Lembra de quando você era criança e sabia o que queria e confiava na sua intuição? Sua imaginação era espontânea e livre, e, de alguma forma, ganhava vida de maneiras estranhas e inesperadas? *Isso* era a sua Autoridade. Infelizmente, somos ensinados a não confiar no instinto, na intuição e no conhecimento conforme crescemos; dizem-nos que devemos analisar e pensar muito antes de agir. Mas é tudo besteira. Através do trabalho com sua Autoridade, você pode e redescobrirá a liberdade espontânea que pensou ter perdido na infância, e tudo isso o ajudará a se sintonizar novamente com seu eu mais autêntico.

Primeiro, pratique ouvir sua Autoridade em situações que pareçam divertidas, com pouca pressão e sem importância, por exemplo, o que comer no jantar ou qual livro ler. Quando se trata de decisões de baixo risco, a mente tem menos probabilidade de se envolver ou criticar as decisões tomadas, ou interromper o que você está sentindo em seu corpo. Sem o envolvimento da mente, você pode notar os sentimentos, as emoções e o conhecimento que acompanham a decisão sendo tomada, e reconhecer que isso é sua Autoridade.

DESCUBRA SUA AUTORIDADE

Pegue seu gráfico corporal do Desenho Humano — se ainda não fez o seu, pode gerá-lo agora em www.emmadunwoody.com [em inglês] ou https://desenhohumanobrasil.com.br/.

Junto à imagem do gráfico colorido, você verá seu nome, seguido do Tipo no Desenho Humano. Apenas algumas linhas abaixo, nessa mesma coluna, você encontrará sua Autoridade Interna.

Quando terminar de ler esta introdução à Autoridade, percorra este capítulo até encontrar a seção sobre a *sua* Autoridade, onde encontrará mais detalhes sobre como recorrer a ela.

Para mim, descobrir o Desenho Humano foi como encontrar a última peça do quebra-cabeça que eu procurei toda a minha vida.

Com 20 e poucos anos entrei e saí da depressão, sofrendo com minha saúde mental. Aos 35, fui finalmente diagnosticada com transtorno bipolar do tipo 2 e embarquei em uma jornada de cura.

A maior parte dessa jornada foi mergulhar em quem eu era. Eu me identifiquei com todas as questões emocionais vividas há tempos, não tinha ideia de quem eu poderia ser sem elas. Eu tinha muito pouca ajuda profissional, exceto para medicamentos, e percebi que precisava investigar qual caminho deveria seguir por conta própria.

Quando o Desenho Humano entrou na minha vida, senti que finalmente tinha um mapa literal que expôs a minha jornada e confirmou que eu estava de fato indo para o Alinhamento com quem eu realmente sentia que era. Eu podia ver que a dor emocional sempre fez parte dessa jornada. Também pude ver como meu tipo de energia Manifestador, minha Autoridade Emocional e as ondas emocionais se expressavam como sintomas bipolares. Finalmente pude confirmar que não era uma pessoa problemática nem machucada, mas alguém expressando meu verdadeiro Desenho desde sempre, apenas não nas vibrações mais elevadas. Encontrei paz com meu diagnóstico e agora vejo isso como o dom que ele realmente sempre foi.

– Helen Anne

## AS SETES AUTORIDADES DO DESENHO HUMANO

**Autoridade Emocional**

Você está mais alinhado ao seu Desenho quando se dá um tempo para ter clareza emocional ao tomar decisões. Pense melhor; diga às pessoas que você voltará mais tarde com uma resposta.

AUTORIDADES EMOCIONAIS VERSUS NÃO EMOCIONAIS

As pessoas com um Plexo Solar definido em seu mapa do Desenho Humano são consideradas Autoridades Emocionais e as sem definição no Plexo Solar são Não Emocionais. Isso significa que todas as outras categorias de Autoridade (Sacral, Esplênica, Projetor Mental, Autodirecionada e Sem Autoridade Interna) são classificadas como Não Emocionais.

Dito isto, a Autoridade Emocional é, na verdade, a mais comum — cerca de 47% das pessoas no Planeta têm Autoridade Emocional, o que significa que uma em cada duas pessoas com as quais você entra em contato experimentará o mundo da mesma forma. Mas isso também significa que cerca de metade das pessoas que você encontra na vida experimentará o mundo e tomará decisões muito diferentes de você. Um grande presente do Desenho Humano e uma parte significativa da sua jornada é aprender a aceitar que o caminho de todos é diferente e válido.

**Autoridade Sacral**

Você precisa ouvir os instintos naturais *Sim, tenho energia para isso* e *Não, não tenho energia para isso* do seu corpo. Esse conhecimento vem de dentro e ele sabe o que é correto ou não para você a cada instante.

**Autoridade Esplênica**

Essa Autoridade pode ser sutil, especialmente no começo; ela se manifesta como um sentimento espontâneo e imediato de saber que aparece no momento. Ao contrário do Sacral, o Esplênico é um conhecimento único, e, quanto mais você age nele no momento, mais forte fica.

**Autoridade do Ego**

Suas decisões mais autênticas vêm do desejo do seu coração. Você vê o mundo da perspectiva do *eu: eu quero, eu sinto, o efeito em mim é...* Pode ser mal interpretado como egoísta, mas é sobre ter o poder de fazer o que terá o maior impacto.

**Autoridade Autodirecionada**

Você foi Desenhado para ir em direção a um sentimento de amor em todas as suas decisões. Essa Autoridade o ajuda a falar sobre suas opções e dialogar com outra pessoa para que possa ouvir qual direção o levará a mais amor.

**Autoridade do Projetor Mental**

Sua Autoridade se manifesta como um conhecimento que aparece quando você permite que seu lado "pensante" natural dê um passo para trás. Você toma suas decisões mais alinhadas quando fala em voz alta sobre o que está em sua mente para alguém que ouvirá e dará apoio emocional.

**Sem Autoridade Interna**

Essa rara Autoridade, que também pode ser referida como Autoridade Lunar, só aparece nos Tipos Refletores. Você foi Desenhado para experimentar a vida; você toma decisões se dando tempo para conhecer como as oportunidades, as pessoas e os lugares o fazem se sentir antes de se decidir. Esperar 28 dias, em sincronia com o ciclo lunar, é o tempo ideal ao tomar grandes decisões.

Em cada seção Autoridade nas páginas a seguir, você terá a oportunidade de refletir e experimentar o conhecimento apresentado. No final de cada uma, você encontrará uma série de propostas de diário para ajudá-lo a integrar o que aprendeu, refletir sobre como sua Autoridade já agia na sua vida até agora e planejar o futuro com a Autoridade em mente.

CONVITE DO CAPÍTULO

Quando avançar e explorar sua própria Autoridade, recomendo voltar e ler cada seção deste capítulo. Reservar um tempo para conhecer todas as sete Autoridades, não apenas a sua, pode ter grandes benefícios.

Primeiro, lhe dá um conhecimento prático do Desenho Humano como sistema. Você terá uma melhor compreensão de como sua Autoridade funciona, o que a diferencia das outras Autoridades e o que você tem em comum com elas também.

Segundo, representantes de cada Autoridade estarão presentes em sua vida em algum ponto — no trabalho, na família ou entre amigos. Reservar um tempo para entender cada Autoridade irá melhorar as relações com as pessoas que você ama e as que não ama. Cada seção Autoridade inclui até algumas recomendações sobre o apoio às pessoas em sua vida que foram Desenhadas para operar com essa Autoridade.

Por fim, mesmo que você seja Desenhado com uma Autoridade específica, não significa que não encontrará informações com as quais se identifique em outras seções, além de sua própria Autoridade. Recomendo examinar cada Autoridade com curiosidade e abertura para o que é possível aprender sobre si e sobre os outros.

# 13.

# AUTORIDADE EMOCIONAL SEM COMPLICAÇÃO

*Suas decisões mais alinhadas são tomadas quando você se dá tempo para ter clareza emocional.*

*Você tem Autoridade Emocional se tem um Plexo Solar definido.*

*Quase metade da população global opera com Autoridade Emocional.*

TRÊS COISAS A SABER

- As emoções à flor da pele no momento podem ofuscar o que é certo para você;
- Reservar um tempo para refletir e entender suas emoções pode ajudá-lo a ter a clareza necessária;
- Clareza emocional total não existe — mas uma consciência mais profunda de suas experiências emocionais ao longo do tempo irá ajudá-lo a tomar decisões mais alinhadas.

TRÊS COISAS A FAZER

- Leve mais tempo do que você acha que precisa para tomar decisões — e deixe as pessoas saberem que você voltará com uma resposta mais tarde;
- Saiba como a clareza emocional se manifesta em seu corpo;
- Priorize a consistência em vez da clareza total.

## O QUE É AUTORIDADE EMOCIONAL?

Ter Autoridade Emocional significa que suas decisões mais alinhadas são tomadas em sintonia com suas emoções e com clareza sobre como você realmente se sente — e quer se sentir — antes de seguir em frente.

Nas próximas páginas, iremos:

- Desvendar o que significa ter Autoridade Emocional;
- Começar a experimentar este elemento do seu Desenho;
- Explorar como você pode apoiar melhor as pessoas com Autoridade Emocional.

ENCONTRE SUA AUTORIDADE NO MAPA DO DESENHO HUMANO

Quando você gerar seu gráfico online, sua Autoridade será listada. Mas você mesmo pode ver examinando os elementos do seu gráfico corporal: se o Centro do Plexo Solar é colorido, isso significa que ele está definido e você tem uma Autoridade Emocional.

A Autoridade Emocional é identificada por um Plexo Solar definido, que é o centro relacionado às nossas emoções — aquelas ondas de sentimento que existem além do pensamento, muitas vezes sentidas visceralmente no corpo e nas entranhas. Como esse Centro é definido para você, suas emoções desempenham um papel importante na forma como vive. Nossas emoções estão sempre ativadas e fluindo — desde o fundo do poço da vergonha, da culpa e da apatia até os pontos altos do amor, da alegria e da paz.

Se você é da Geração X ou mais velho (nascido em 1980 ou antes), então foi provavelmente ensinado a não demonstrar suas emoções e aprendeu a reprimi-las cedo na vida. Se você é Millennial/Gen Y ou mais jovem (nascido após 1980), então pode ter tido pais que se rebelaram contra essas emoções reprimidas e o encorajaram a recorrer a seus sentimentos sem restrição, e agora você acha que está exagerando nas emoções e sente que não pode controlá-las.

Essa repressão e/ou indulgência representa um desafio, porque você foi Desenhado para sentir seu caminho na vida, experimentar e respeitar os altos e os baixos, a sabedoria e o medo que suas emoções têm a oferecer, não ignorá-los. Como um ser emocional, você existe para aprender a sentir emoções sem ser dominado ou controlado por elas.

Recondicionar a sua Autoridade Emocional significa aprender a reconhecer as mensagens que seus sentimentos lhe oferecem. Aprender a ver padrões nos altos e nos baixos das suas emoções como importantes sinais para o que é certo para a sua vida o ajudará a fazer mudanças positivas grandes e pequenas.

No início, pode parecer assustador aprender a se sentir confortável, se dando um tempo e mostrando novamente aos outros que você precisa de um intervalo para responder a uma decisão. Embora possa ser mais fácil reagir a qualquer emoção predominante no momento, isso irá mantê-lo preso em uma vida condicionada e sem variação.

Você não é seus pensamentos, você é o pensador. Você não é suas emoções, você é quem as sente. Seja testemunha das suas emoções, permita que elas sejam sentidas, mas não deixe que tomem as decisões por você.

## NÃO TENHA PRESSA

O conselho mais importante que qualquer pessoa com Autoridade Emocional precisa levar em conta é: sempre deixe mais tempo e espaço do que você acha que precisa para tomar uma decisão.

Até agora, você pode ter deixado suas emoções o dominarem, em vez de dar a si mesmo tempo e espaço para descobrir o que é verdadeiro debaixo delas. A correria ofusca o que você realmente precisa, porque sua mente o apressa a agir imediatamente de acordo com qualquer emoção dominante no momento. No entanto, se você se der tempo e espaço para esperar os altos e baixos, conseguirá sentir o que é realmente verdadeiro e tomará uma decisão clara e alinhada em qualquer assunto que surgir.

A Autoridade Emocional pode ser cansativa com toda a instabilidade emocional. Os seres emocionais tendem a agir em explosões de energia e, em seguida, precisam de tempo para se recuperar de seus altos e baixos. Você precisa priorizar o descanso, simples assim.

Não só o sono pode ajudar a restaurar os seus níveis de energia, como também lhe dá o tempo e a distância necessários para tomar decisões mais alinhadas. Ao tomar decisões, observe como você se sente quando suas escolhas lhe são apresentadas pela primeira vez. Então durma pensando nisso e reavalie a questão pela manhã. Ainda se sente da mesma forma? Se sim, provavelmente pode seguir com segurança na direção que o atrai. Se não, provavelmente precisa de mais tempo para ter clareza emocional sobre o que parece correto no seu caso.

Note que reservar um tempo não é necessariamente esperar que a emoção que você está sentindo passe para poder tomar uma decisão mais “racional” — é sobre tentar entender o que você realmente está sentindo, o que esse sentimento está lhe dizendo e como suas respostas emocionais estão servindo como guias para viver de forma autêntica.

## SINTA SEUS SENTIMENTOS

Agora que você destinou tempo e espaço para ter clareza, pode usar isso para ter uma consciência mais profunda do seu estado emocional.

Como seres emocionais, muitas vezes somos levados a acreditar que o ambiente externo e as coisas que acontecem nele governam como nos sentimos (isto é, a ideia de que ambientes negativos, sombrios e inóspitos geram emoções negativas). No entanto, é o oposto para os seres emocionais: você traz sua emoção para o que está acontecendo no ambiente externo e essas emoções se tornam um filtro pelo qual você experimenta esse ambiente. Por exemplo, se você tiver uma emoção intensa no ambiente "escuro", então será a pessoa que animará e incentivará a todos. Contudo, se estiver para baixo, poderá ser a pessoa que estraga o clima.

Pratique ter consciência de como você está se sentindo. Conheça seus altos, médios e baixos emocionais — quais histórias você conta a si mesmo e aos outros enquanto circula pelas diferentes experiências emocionais? Reconheça como você se sente e seja curioso. Pergunte-se: "Eu realmente me sinto assim ou estou em um estado emocional instável?"

Pense em cada resposta emocional (divertida e não tão divertida) como uma oportunidade para se alinhar mais profundamente com seu Desenho. Quanto mais você aprender a observar suas emoções sem se deixar levar por elas — sem julgamentos, críticas ou necessidade de mudá-las —, mais terá clareza emocional, paz e alinhamento.

### EXPERIMENTE ISTO: SINTA SUAS EMOÇÕES NO CORPO

As Autoridades Emocionais costumam ser condicionadas a intelectualizar sua resposta emocional, mas fazer isso ergue uma barreira inútil. É importante ver as emoções como uma oportunidade para aterrar seu corpo e ir além do que você foi condicionado a fazer em sua mente.

Um exercício de varredura corporal pode ajudá-lo a se abrir e ficar mais consciente de como você se sente emocional e fisicamente. Tudo o que precisa fazer é fechar os olhos e colocar sua atenção nos pés, então lentamente mover sua atenção para cima, percebendo onde se sente tenso ou solto, confortável ou não, pesado ou leve, com dor ou prazer em todo o corpo. Como isso corresponde à forma como você está se sentindo emocionalmente ou o que revela sobre seu estado emocional?

Este exercício é ótimo em circunstâncias as quais você se sente sobrecarregado por uma emoção, mas também nos momentos em que não tem certeza de como está se sentindo. Use-o regularmente para ajudá-lo a se conectar com seu corpo e ter consciência de quais emoções estão presentes.

## NÃO ESPERE TER 100% DE CLAREZA

Um erro que muitas pessoas com Autoridade Emocional cometem é esperar para tomar qualquer decisão até que se sintam totalmente seguras. A verdade é que todas as nossas emoções estão sempre em movimento, elas vão e vêm constantemente, e esperar por uma quietude completa só irá frustrá-lo.

Em vez de buscar uma clareza total, foque a consistência. Preste atenção ao que você sente ser o mais correto com o tempo (lembre-se, você se beneficia ao dar a si mesmo tempo e espaço para refletir sobre o que suas emoções estão lhe dizendo). Se você verifica várias vezes ao longo de um período de 24 horas e ainda sente com bastante intensidade que algo é correto para você, então tem sinal verde para sua decisão. Se você oscila ou sua reação emocional às possibilidades é inconsistente, talvez precise de mais tempo ou a decisão pode não ser a certa para você. Confie que você saberá quando a coisa correta cruzar o seu caminho.

## APOIANDO AMIGOS, FAMÍLIA E COLEGAS COM AUTORIDADE EMOCIONAL

Se você está lendo isso porque quer apoiar melhor alguém em sua vida que tem Autoridade Emocional, comprometa-se agora a lhe dar mais tempo e espaço para tomar decisões. Essas pessoas podem não perceber que precisam de tempo ou espaço, ou podem não se sentir confortáveis pedindo isso, então o seu encorajamento pode ajudar muito.

Se você é um ser não emocional, sua vida e relacionamentos mudarão para melhor quando deixar de lado a frustração e o aborrecimento com pessoas que parecem indecisas e hesitantes em seu processo de tomada de decisão. Elas são provavelmente Autoridades Emocionais e nunca têm a clareza de que você gosta. Em vez disso, confie que o processo é correto para elas. Ao não pressioná-las para ter uma resposta, você as ajudará a encontrar mais compreensão com o tempo.

## PROPOSTAS DE DIÁRIO PARA ACEITAR SUA AUTORIDADE EMOCIONAL

Use estas propostas para explorar como é sua Autoridade Emocional.

Descobrindo e curando o passado:

- Como no passado eu tive desafios e não trabalhei com minha Autoridade Emocional?
- Quais comportamentos de tomada de decisão precisam ser abandonados para eu assumir o poder da minha Autoridade Emocional?
- Onde no passado eu estive em Alinhamento com a minha Autoridade Emocional?

Alinhando-se com o agora:

- Com o que me identifico em minha Autoridade Emocional?
- A que estou resistindo sobre minha Autoridade Emocional?
- O que eu estou mais curioso para experimentar primeiro em relação à minha Autoridade Emocional?

Criando o futuro:

- Quais são as três coisas que farei hoje para estar mais em Alinhamento com minha Autoridade Emocional?
- Como minha Autoridade Emocional apoia meu eu futuro?
- Como a vida será especificamente melhor no futuro porque estou tomando decisões com minha Autoridade Emocional?

# 14.
# AUTORIDADE SACRAL SEM COMPLICAÇÃO

*Suas decisões mais alinhadas vêm de confiar em sua resposta instintiva a algo no ambiente externo.*

*Você tem uma Autoridade Sacral se tem um Centro Sacral definido e um Plexo Solar indefinido.*

*Cerca de 34% da população global opera com a Autoridade Sacral.*

TRÊS COISAS A SABER

- Seu Centro Sacral identifica para o que você ***tem*** ou ***não*** energia em determinado momento;
- Sua Resposta Sacral é "sim" ou "não" para algo no ambiente externo;
- Sua Energia Sacral é sobre o que o alegra ou não.

TRÊS COISAS A FAZER

- Pratique sua Resposta Sacral primeiro com decisões pequenas e fáceis, como o que você quer comer no jantar;
- Seja curioso sobre o que o alegra. Quando descobrir, siga-o;
- Defina limites e pare de dizer "sim" quando quer dizer "não".

## O QUE É AUTORIDADE SACRAL?

Ter Autoridade Sacral significa que suas decisões mais alinhadas são tomadas quando você segue o que o alegra e respeita a resposta sim/não imediata ao ambiente externo.

Nas páginas seguintes, iremos:

- Desvendar o que significa ter Autoridade Sacral;
- Começar a experimentar este elemento do seu Desenho;
- Explorar como você pode apoiar melhor as Autoridades Sacrais em sua vida.

ENCONTRE SUA AUTORIDADE NO MAPA DO DESENHO HUMANO

Quando você gerar seu gráfico online, sua Autoridade será listada. Mas você mesmo poderá vê-la quando examinar os elementos do seu gráfico corporal: se o Plexo Solar é indefinido (não colorido) e o Centro Sacral é definido (colorido), então você tem uma Autoridade Sacral.

A Autoridade Sacral é identificada pela combinação de um Plexo Solar indefinido e um Centro Sacral definido. O Sacral é o centro de onde vem a sua resposta instintiva. Como esse centro é definido em você, é essencial aprender a reconhecer, ouvir e respeitar a resposta instintiva imediata do "Sim, tenho energia para isso" ou do "Não, não tenho energia para isso".

Se você tem Autoridade Sacral, é possível que tenha sido condicionado a se desconectar de seus instintos naturais, para acreditar que sua resposta imediata não é confiável, é desinformada ou inválida. Se você foi ensinado a superar seus instintos iniciais em favor do excesso de pensamentos, muitas vezes pode ficar confuso e questionar suas decisões.

Recondicionar-se para aceitar sua Autoridade Sacral significa primeiro conhecer sua Resposta Sacral. E quando aprender a ouvir, sentir e escutar o "sim" ou o "não" que seu instinto está dando em cada momento, poderá levar essa resposta a sério. Escolher confiar em seu instinto resultará em mais confiança e em um sentimento mais autêntico de si mesmo, dando-lhe mais energia para seguir as oportunidades em Alinhamento com quem você realmente é e o que está Desenhado para fazer.

PARECE FAMILIAR?

Se você leu as seções Tipo e Estratégia sobre Geradores (Capítulo 8) e/ou Geradores Manifestantes (Capítulo 9) deste livro, já estará um pouco familiarizado com a forma como o Sacral funciona e pode ter experimentado algumas dicas e exercícios recomendados. Convido-o a ver esta seção como uma oportunidade para continuar sua experiência — tente os exercícios novamente e reflita sobre como sua consciência da Resposta Sacral cresceu e mudou desde que começou sua jornada no Desenho Humano.

## APRENDA A RECONHECER SUAS RESPOSTAS

Quando você tem Autoridade Sacral, suas decisões mais alinhadas são tomadas ao reconhecer a resposta "sim" ou "não" que sente por instinto sempre que está diante de uma escolha. É essencial ouvir essas respostas do instinto, porque elas lhe dão informações importantes — não permissão, mas dados. Um "sim" Sacral diz que você tem energia suficiente para seguir em frente com algo. Um "não" Sacral diz que não tem energia para algo — às vezes, será porque já tem muito o que fazer, outras, porque não é a coisa correta ou alinhada a fazer.

Em alguns casos raros, sua Autoridade Sacral pode mostrar um "talvez": quando isso acontece, seu Sacral está comunicando que este não é o momento certo para agir. Faça uma pausa e espere outra oportunidade para responder — o Sacral aguarda o tempo divino ou mais informação.

O segredo para entender e aproveitar o poder da sua Autoridade Sacral está em confiar no seu "sim" ou "não", e agir com isso sem ignorar a decisão por pensar demais ou se julgar. Comece reconhecendo sua resposta instintiva inicial, a experiência sentida do "sim" ou do "não". Essa resposta se manifesta como um sentimento no corpo — não apenas uma resposta verbal — sobre o que é correto para você.

### PRATIQUE RECONHECER SEU "SIM" E "NÃO" SACRAIS

Se quiser tomar decisões alinhadas como uma Autoridade Sacral, você precisa reconhecer quais são os sinais verdes e vermelhos do seu instinto. Essas pistas do Centro Sacral se manifestam como uma resposta "aham" ou "não mesmo" simples e imediata. Para ter uma ideia de como é esse "aham" ou "não mesmo" instintivo, peça a uma pessoa querida que o ajude a estabelecer uma base, fazendo algumas das seguintes perguntas e pedindo que você responda na hora com um simples "aham" ou "não mesmo".

(Se você praticou este exercício anteriormente no livro, tudo bem repeti-lo para realmente se familiarizar com suas Respostas Sacrais, mas se estiver pronto para ir mais fundo, vá para a fase final do exercício e pratique tomar decisões com o Sacral.)

Seu nome é _________?

Você nasceu em _________?

Você mora em _________?

Você tomou café esta manhã?

Você está com fome?

Preste atenção em como seu corpo fica quando você responde com "aham" e "não mesmo" a cada pergunta. Quando se familiarizar com suas respostas, poderá passar para perguntas mais profundas, como:

Meu trabalho me alegra?

Estou satisfeito com minha vida?

Estou trabalhando para as coisas que quero?

Por fim, você pode começar a usar sua Resposta Sacral para tomar decisões imediatas, como:

Tenho energia para fazer esta tarefa agora?

Quero participar desta atividade agora mesmo?

Estou respeitando meu Desenho Humano neste momento?

Pratique o exercício acima e reserve um tempo para registrar sua experiência de sintonização com sua Resposta Sacral para saber como seu Sacral reage. Tome nota dos padrões em relação a como seu corpo fica quando sua Resposta Sacral indica um "não" versus um "sim". Preste atenção em como o corpo fica quando sua mente diz o que fazer versus quando você ouve seu Centro Sacral, e preste atenção em como seu corpo fica quando você respeita sua Resposta Sacral versus quando a ignora.

O Centro Sacral se comunica por sensações físicas distintas. Atente-se às sensações associadas a cada resposta — uma sensação de expansão pode indicar um sonoro "sim", já uma contração no corpo pode significar um "não" claro. Ao se sintonizar com essas pistas corporais, você pode fazer uma conexão com sua Autoridade Sacral, tendo clareza e confiança no seu processo de tomada de decisão.

O segredo é não pensar sobre isso, mas se permitir responder livremente à vida.

## FOQUE O PRESENTE

O Sacral é uma resposta do agora. É incrivelmente poderoso, mas pode ser perdido porque se move rápido. Se você não aprender a reconhecer o sentimento de resposta quando a está tendo, sua mente entrará em ação, questionará o que você está sentindo e voltará ao seu processo de tomada de decisão condicionado. Isso é um problema para você, porque suas decisões mais alinhadas não vêm de refletir — na verdade, pensar demais o impede de ter sua melhor vida. É por isso que, como Autoridade Sacral, é essencial que você aprenda a estar presente no momento, para poder sentir a orientação que o seu instinto lhe dá antes de ela desaparecer e sua mente tomar conta. Quando acontecer, não entre em pânico. Você pode ter perdido sua Resposta Sacral na primeira vez, mas outra oportunidade surgirá, dando-lhe uma chance de seguir seu Sacral para aquilo que o alegra.

Se você está preocupado por não sentir sua Resposta Sacral, veja algumas coisas que pode fazer para sentir o momento presente e receber a Orientação Sacral necessária para agir em Alinhamento:

- Ouça e atenda às necessidades físicas do seu corpo primeiro. Você precisa comer, dormir, usar o banheiro ou se coçar? Se está ignorando esses avisos físicos, então provavelmente está ignorando a Resposta Sacral também;
- Outro exercício simples é ficar na frente da despensa ou da geladeira e decidir o que você quer comer, respondendo ao que vê. Fique consciente de como é responder à vida a partir do Sacral, e não da mente;
- Faça algo que o alegre (veremos mais sobre isso a seguir).

## FAÇA O QUE O ALEGRA

Desde o nascimento, os seres sacrais costumam ser condicionados a acreditar que o valor está no que você pode fazer pelos outros, que o valor está ligado ao quanto pode fazer e como faz isso bem em comparação com os outros. Isso começa na escola e depois se espalha por todas as áreas da vida adulta.

No entanto, seu verdadeiro valor reside em você ser a pessoa que é, na sua energia, na sua alma e no seu propósito. O Desenho Humano ensina que o simples ato de ser você é a coisa mais valiosa e digna. Não é sobre o quanto você pode fazer, é sobre como traz sua autenticidade única para o mundo. Como ser Sacral, você tem uma fonte poderosa de energia e é muito capaz. O desafio é que, quando você fica preso gastando essa energia em coisas que acha que deveria fazer — as coisas que simplesmente se sente obrigado a fazer —, é mais provável que se esgote e menos provável que provoque um impacto real onde importa.

A obrigação o desconecta da potência do Sacral porque você não responde ao que o alegra. O segredo para um sucesso abundante é focar em fazer mais o que você ama, sempre que possível.

É assim para todas as áreas da sua vida. Se trabalhar em determinado setor o alegra, siga opções de carreira que se concentrem nele. Se passar os primeiros dez minutos da manhã abraçando seu cão o alegra, faça isso também. Se criar conteúdo nas redes sociais é divertido e o engaja, faça isso. Se não, considere terceirizar para outra pessoa ou procure outra forma de promover suas habilidades e serviços, que seja divertida e envolvente para você. Se viajar o alegra, viaje. Se ficar em casa é o que te anima, está tudo bem!

Mas não confunda as coisas que o alegram com as coisas que são fáceis. Fazer o que o alegra pode exigir um grande investimento de energia — você saberá se a recompensa vale a pena quando aprender a se sintonizar com sua Resposta Sacral e ficar claro se você *tem* ou *não* energia.

EXPERIMENTE ISTO: RESPEITE SUA ENERGIA

Passe a próxima semana percebendo sua Resposta Sacral a cada oportunidade ou pedido que cruza seu caminho no trabalho e na vida pessoal. Com cada oportunidade ou pedido, observe: ***é um "sim" ou um "não" Sacral? Sentiu atração ou repulsa em seu corpo? Sua cabeça confirmou ou negou?*** Procure o feedback instantâneo do corpo e aja segundo ele.

Faça um diário sobre o que acontece quando você respeita sua Resposta Sacral dizendo "sim" para as coisas que quer fazer e "não" para as coisas erradas para você. Se acabar aceitando oportunidades que parecem mais obrigações ou "deveres", faça um diário sobre como elas o afetam.

## APOIANDO AMIGOS, FAMÍLIA E COLEGAS COM AUTORIDADE SACRAL

Se você está lendo isso porque quer apoiar melhor alguém em sua vida que tem Autoridade Sacral, comprometa-se agora a acreditar quando essas pessoas dizem "sim" e quando dizem "não". Aceite essas declarações como frases completas. Tente não exigir explicações nem racionalização; concentre-se em respeitar a confiança existente entre vocês dois.

Para encorajar melhor alguém com Autoridade Sacral, faça perguntas do tipo sim/não. Perguntas abertas confundirão o Sacral.

Também se esforce para prestar atenção aos momentos em que a pessoa parece mais cheia de energia e feliz — incentive-a a interagir mais plenamente com as coisas que a alegram e lhe dê oportunidades regulares de fazer as coisas que ela ama com você ao seu lado.

## PROPOSTAS DE DIÁRIO PARA ACEITAR SUA AUTORIDADE SACRAL

Use estas propostas para descobrir o que o impede inconscientemente de se alinhar à sua autenticidade e desbloquear seu potencial.

Descobrindo e curando o passado:

- Como, no passado, eu tive desafios e não trabalhei com minha Autoridade Sacral?
- Quais comportamentos de tomada de decisão precisam ser abandonados para eu assumir o poder da minha Autoridade Sacral?
- Onde, no passado, eu estive em Alinhamento com minha Autoridade Sacral?

Alinhando-se com o agora:

- Com o que me identifico em minha Autoridade Sacral?
- A que eu estou resistindo em minha Autoridade Sacral?
- O que eu estou mais curioso para experimentar primeiro em relação à minha Autoridade Sacral?

Criando o futuro:

- Quais são as três coisas que farei hoje para estar mais em Alinhamento com minha Autoridade Sacral?
- Como minha Autoridade Sacral apoia meu futuro eu?
- Como a vida será especificamente melhor no futuro porque estou tomando decisões com minha Autoridade Sacral?

# 15.
# AUTORIDADE ESPLÊNICA SEM COMPLICAÇÃO

*Suas decisões mais alinhadas são tomadas quando você respeita sua consciência intuitiva espontânea.*

*Você tem Autoridade Esplênica se tem um Centro do Baço definido e Centros Sacrais e do Plexo Solar indefinidos.*

*Cerca de 11% da população global opera com Autoridade Esplênica.*

TRÊS COISAS A SABER

- O Baço é espontâneo e focado no agora; se você não ouve a sabedoria quando ela aparece, pode não conseguir novamente;
- Sua intuição começa como um sussurro e quanto mais você atua nela, mais alta fica;
- Quando seu Baço tiver uma mensagem, você terá uma sensação específica no corpo.

TRÊS COISAS A FAZER

- Anote e mantenha um registro de como seu Baço o guia;
- Aja com sua consciência intuitiva;
- Não permita que a mente questione ou desacredite o seu saber.

## O QUE É AUTORIDADE ESPLÊNICA?

Ter Autoridade Esplênica significa que suas decisões mais alinhadas são tomadas com intuição — uma sensação de sabedoria interna.

Nas páginas seguintes, iremos:

- Desvendar o que significa ter Autoridade Esplênica;
- Começar a experimentar este elemento do seu Desenho;
- Explorar como você pode apoiar melhor as pessoas com Autoridade Esplênica em sua vida.

ENCONTRE SUA AUTORIDADE NO MAPA DO DESENHO HUMANO

Quando você gerar seu gráfico online, sua autoridade será listada. Mas você também poderá vê-la por si mesmo quando observar os elementos do seu gráfico corporal: se o Plexo Solar e o Sacral são indefinidos (não coloridos) e o Centro do Baço é definido (colorido), então você tem Autoridade Esplênica.

A Autoridade Esplênica é identificada pela combinação de um Plexo Solar e um Centro Sacral indefinidos, além de um Centro do Baço definido. O Baço é o Centro Intuitivo e ele envia sinais ou alertas, muitas vezes sem ser solicitado, sobre o que é correto para você. Ter Autoridade

Esplênica é aprender a reconhecer e respeitar os sinais intuitivos que o Baço envia, porque ele abre caminho para viver em Alinhamento.

As pessoas com Autoridade Esplênica geralmente foram aconselhadas a ignorar tais sinais que elas deveriam seguir. Como as mensagens intuitivas que o Baço envia muitas vezes acontecem sem um gatilho externo, elas parecem não fazer sentido e podem ser fáceis de rejeitar como bobagem. Os sinais esplênicos também podem ser muito sutis, sobretudo no começo, então talvez você nem perceba que os está ignorando.

Quando estiver pronto para se recondicionar e assumir o poder que sua Autoridade Esplênica tem a oferecer, você precisará começar a praticar a paciência, a disciplina e a autoconfiança. Precisará de tudo isso se quiser tomar uma Ação Imperfeita para seguir sua intuição em vez de ignorá-la para adotar abordagens mais "lógicas" em sua vida. Ao se permitir recorrer à sensação, por vezes estranha, do que é correto para você que emerge em seu Centro do Baço, os limites de sua sabedoria e força serão reconhecidos e o levarão em direção à vida que você está Desenhado para viver.

### SACRAL VERSUS ESPLÊNICO

É fácil confundir as Autoridades Sacral e Esplênica, porque muitas pessoas tentam entender a diferença entre instinto e intuição.

Um dos principais fatores que diferenciam as experiências Sacral e Esplênica é que a Autoridade Sacral responde a algo no ambiente externo, já a Autoridade Esplênica é um *insight* interno, intuitivo. A Resposta Sacral é disparada por sinais externos, e o "sim" ou o "não" Sacral é uma resposta direta a uma pergunta ou uma escolha apresentada. Já o *insight* intuitivo do Esplênico vem de dentro. Você não pode disparar sua Autoridade Esplênica, tem que esperar que ela o direcione em seu próprio tempo.

## CONFIE EM SEUS INSTINTOS DE SOBREVIVÊNCIA

Ter Autoridade Esplênica é sobre respeitar seus instintos de sobrevivência profundamente arraigados, mesmo que não possa explicá-los. Da mesma forma como os pássaros sabem exatamente quando é hora de voar para o norte no inverno e as tartarugas sabem como voltar ao seu local de nascimento para colocar seus ovos, você está Desenhado para ouvir os sinais do seu corpo.

Pense no seu Baço como um radar intuitivo, alertando-o para o que precisa fazer para sobreviver em quaisquer condições em que se encontra. As mensagens da Autoridade Esplênica se manifestam de forma um pouco diferente para cada um. Algumas pessoas com Autoridade Esplênica descrevem seus sinais intuitivos como uma *sabedoria* repentina e imediata. Para outras pessoas, é uma experiência sensorial — você pode ouvir, ver, saber, provar, cheirar ou sentir algo quando o Baço quer levá-lo na direção que o ajudará a sobreviver e prosperar.

Pode demorar para aprender a reconhecer, confiar e agir segundo seus sinais intuitivos. Se sente que sua intuição nunca fala com você ou que você não sabe sentir isso quando acontece, não se culpe. Muitas pessoas com Autoridade Esplênica são ensinadas a ignorar os preciosos *insights* intuitivos que o Centro Esplênico envia, então uma grande parte de assumir o Alinhamento com seu Desenho será sobre se reconectar com sua intuição e permitir que ela fale com você, alto e claramente.

Neste momento, a sua intuição pode estar operando com um sussurro muito suave. Seu trabalho é ouvir e agir de acordo com a orientação que o Baço dá. Com o tempo, sua intuição será forte e certa, e lhe dará sinais mais potentes e regulares para ajudá-lo a tomar decisões em Alinhamento com seu Desenho Humano.

Se você tem Autoridade Esplênica, está realmente no seu elemento quando reconhecer e responder às suas necessidades básicas se torna algo natural. É porque o seu Centro Esplênico está preocupado com sua sobrevivência. Então, quando você for proativo ao gerar bem-estar, segurança, proteção e estabilidade para si mesmo (fazendo coisas como ter certeza de que tem comida suficiente, que tem um sono de qualidade e que seu corpo se sente saudável e à vontade), o seu Centro Esplênico prestará atenção no que está além da sua sobrevivência física imediata e começará a guiá-lo para prosperar em outras áreas de sua vida.

Sendo assim, pratique atender suas necessidades físicas com hábitos saudáveis antes que seu corpo peça. Coma alimentos nutritivos durante todo o dia, faça exercícios com regularidade e moderação, e durma bem. Procure também o afeto físico e o prazer de que você precisa. O seu Baço lhe dirá o que é melhor para você em todas essas áreas.

## PARE DE SE QUESTIONAR

Você foi Desenhado para confiar nos *insights* intuitivos repentinos e, às vezes, inexplicáveis que o Baço envia. Como foi condicionado toda a sua vida a questionar esses *insights*, provavelmente não fica confortável confiando nas mensagens.

Para assumir o Alinhamento com sua Autoridade no Desenho Humano, você deve estar disposto a abandonar tudo o que lhe foi ensinado sobre o que é uma "boa" tomada de decisão e passar a confiar nos seus próprios instintos, em especial quando não pode explicá-los ou justificá-los.

Quando você para de questionar as mensagens esplênicas que está recebendo é o momento em que sua experiência com o Desenho realmente começa.

### FAÇA UM DIÁRIO

Registre cada momento em que você sente uma vontade forte e instintiva de fazer algo. Colocar essas experiências no papel as torna reais; valida a experiência que você está tendo. Ainda mais importante, fazer um diário sobre a crescente consciência de sua

Autoridade Esplênica irá ajudá-lo a se recondicionar, parar de pensar demais e voltar-se para seu corpo.

Toda vez que você sentir seu Baço enviando uma mensagem — não importa a quietude, não importa a aleatoriedade — escreva e descreva. Concentre-se em como fica seu corpo nesses momentos, quais experiências sensoriais você tem e o que está sendo levado a fazer. Não julgue nem tente racionalizar a mensagem, apenas coloque sua experiência no papel.

Termine cada registro no diário com uma afirmação. Algo como: ***"Esta mensagem foi feita para me ajudar a sobreviver e prosperar. Eu confio nela e confio em mim mesmo para agir segundo ela"***.

Quanto mais você praticar esta tarefa, mais "normal" o trabalho com sua Autoridade começará a ser.

## SIGA EM FRENTE

Até agora, ao conhecer sua Autoridade Esplênica, você praticou aprender a reconhecê-la, se esforçou para criar um ambiente seguro para que sua Autoridade possa se comunicar com você com maior escopo e começou o experimento de confiar nessas comunicações.

Agora é hora de mostrar à sua Autoridade que você está falando sério: a melhor forma de gerar segurança, provar confiança e construir um vínculo mais profundo e conectado com sua Autoridade Esplênica é agir segundo a orientação que lhe é dada.

Quando você receber um sinal intuitivo, siga em frente. Se sentir a forte vontade de iniciar um projeto, ir a algum lugar, ligar para certo amigo, comer, cancelar um plano ou qualquer outra coisa — desde que não esteja prejudicando você ou outras pessoas —, faça exatamente isso. Não questione, não adie a ação até que seja conveniente, coloque seu foco onde sua autoridade está e siga em frente.

Você pode começar com coisas pequenas para ajudar a construir sua confiança — siga os sinais de baixo custo, como para qual direção caminhar ou o que e quando comer. Quando estiver seguro, confiando em si mesmo em pequenas coisas, depois nas grandes, como terminar um relacionamento, comprar uma casa ou se mudar para outro país, elas serão fáceis porque sua mente e corpo saberão que é seguro confiar em sua intuição.

Quanto mais você faz, mais fácil fica. Em parte, é porque você terá criado um hábito e também porque deu ao seu cérebro a evidência de que confiar em sua intuição é seguro e que seguir em frente é a melhor forma de respeitar sua Autoridade. E quando escutar e agir de acordo com sua intuição, ela falará com você mais vezes e com mais clareza. Quanto mais vezes e com maior clareza a sua Autoridade falar com você, mais oportunidades terá de entrar em Alinhamento com seu Desenho.

LEMBRETE:
A AÇÃO IMPERFEITA SUPERA A PONTUAÇÃO PERFEITA

Mesmo pessoas com anos de prática e muita experiência do que é viver em Alinhamento com sua Autoridade Esplênica perdem um sinal de vez em quando, então não se culpe quando acontecer com você.

Lembre-se, transformar sua vida com o Desenho Humano significa tomar uma Ação Imperfeita o tempo todo. Faça o que você pode, não o que acha que se qualifica como perfeito. Se você segue consistentemente as orientações nesta seção, está tomando uma Ação Imperfeita e indo em direção ao Alinhamento, mesmo tirando um dia de folga e não vendo a mensagem que sua intuição tentou enviar.

Então, em vez de ruminar sobre momentos em que você perde um *insight* intuitivo, basta anotar a experiência no diário e seguir em frente. A melhor coisa que você pode fazer é ser gentil consigo mesmo, se sentir seguro o suficiente para ser imperfeito e ficar aberto para o próximo *insight*.

## APOIANDO AMIGOS, FAMÍLIA E COLEGAS COM AUTORIDADE ESPLÊNICA

Se você está lendo isso porque quer apoiar melhor alguém que tem Autoridade Esplênica, concentre-se em ajudá-lo a confiar em seus sinais intuitivos, não importa o quanto pareçam estranhos. Isso significa permitir que a pessoa se expresse sem exigir uma explicação lógica, acreditar nela quando lhe diz o que precisa, mesmo que pareça estranho ou aleatório.

Você também pode ajudá-la confiando em sua natureza espontânea. Se ela o orienta a fazer algo, confie. Quando ela quiser algo específico para comer ou cuidar do seu corpo físico e bem-estar, incentive-a a seguir em frente. O bem-estar dela influenciará o seu, ela é guiada para ficar bem e prosperar — confie.

## PROPOSTAS DE DIÁRIO PARA ACEITAR SUA AUTORIDADE ESPLÊNICA

Use estas propostas para descobrir o que o impede inconscientemente de se alinhar à sua autenticidade e desbloquear seu potencial.

Descobrindo e curando o passado:

- Como no passado eu tive desafios e não trabalhei com minha Autoridade Esplênica?
- Quais comportamentos de tomada de decisão precisam ser abandonados para eu assumir o poder da minha Autoridade Esplênica?
- Onde no passado eu estive em Alinhamento com minha Autoridade Esplênica?

Alinhando-se com o agora:

- Com o que você se identifica em minha Autoridade Esplênica?

- A que estou resistindo em minha Autoridade Esplênica?
- O que eu estou mais curioso para experimentar primeiro em relação à minha Autoridade Esplênica?

Criando o futuro:

- Quais são as três coisas que farei hoje para estar mais em Alinhamento com minha Autoridade Esplênica?
- Como minha Autoridade Esplênica apoia meu futuro?
- Como a vida será especificamente melhor no futuro porque estou tomando decisões com minha Autoridade Esplênica?

# 16.

# AUTORIDADE DO EGO SEM COMPLICAÇÃO

*Suas decisões mais alinhadas vêm quando você dá voz aos seus desejos mais autênticos e sinceros.*

*Você tem Autoridade do Ego se seus Centros do Plexo Solar, Sacral e Esplênico são indefinidos, enquanto seu Centro da Vontade (também conhecido como Ego ou Coração) é definido.*

*Apenas cerca de 1% da população global opera com Autoridade do Ego.*

TRÊS COISAS A SABER

- Você foi Desenhado para ser autofocado ao tomar decisões, e isso é perfeitamente normal!
- Aproveitar ao máximo sua Autoridade do Ego significa ouvir seu coração;
- A energia do Ego é sobre desejo, não emoção.

TRÊS COISAS A FAZER

- Pare de se forçar a fazer as coisas que realmente não quer;
- Concentre-se em falar com o coração e confiar no que sai;
- Ao tomar qualquer decisão, esclareça o benefício para você.

## O QUE É AUTORIDADE DO EGO?

Ter Autoridade do Ego significa que suas decisões mais alinhadas são tomadas quando você segue seus desejos sinceros e se concentra em como as coisas o impactam diretamente. Nas páginas seguintes, iremos:

- Desvendar o que significa ter Autoridade do Ego;
- Começar a experimentar este elemento do seu Desenho;
- Explorar como você pode apoiar melhor as pessoas com Autoridade do Ego.

ENCONTRE SUA AUTORIDADE NO MAPA DO DESENHO HUMANO

Quando você gerar seu mapa online, sua Autoridade será listada. Mas você também poderá ver por si mesmo quando observar os elementos do seu gráfico corporal: se o Plexo Solar, o Sacral e o Esplênico são indefinidos (não coloridos) e o Centro da Vontade é definido (colorido), então você tem Autoridade do Ego.

A Autoridade do Ego é identificada pela combinação dos Centros do Plexo Solar, Sacral e Esplênico indefinidos, além de um Centro da Vontade definido, também conhecido como Centro do Coração ou do Ego. A Vontade é o centro que lida com os desejos mais profundos do seu coração — ela ajuda a descobrir o que realmente importa para você. Ter Autoridade do Ego é sobre se permitir priorizar seus desejos, de modo que você possa agir em Alinhamento com o que realmente quer da vida.

Se você tem Autoridade do Ego, foi provavelmente condicionado a sentir muita culpa e vergonha. Como viver em Alinhamento com essa Autoridade significa colocar os seus desejos em primeiro lugar, você pode ter sido constrangido a ponto de ver seu modo natural de tomar decisões como egoísta ou míope. Isso não poderia estar mais longe da verdade. Na realidade, quando alguém com Autoridade do Ego é permitido explorar e entender o que qualquer oportunidade tem a oferecer, e como ela se alinha com seus desejos, a pessoa pode aproveitar esse conhecimento para fazer contribuições positivas e impactantes em sua própria vida e na comunidade em geral. O que é melhor para você também será para aqueles ao redor.

Se você quiser se recondicionar e começar a tomar decisões com sua Autoridade do Ego, precisará ser corajoso o suficiente para falar em voz alta, sem se desculpar, o que você quer e precisa. Quando liberar a vergonha do "egoísmo" e substituí-la por um senso de autoestima, finalmente será livre para fazer escolhas alinhadas com seu eu autêntico e ter a vida para a qual você foi Desenhado — e merece — levar.

## SEJA EGOÍSTA

O primeiro passo para viver em Alinhamento com sua Autoridade do Ego no Desenho Humano é aceitar o egoísmo que você foi condicionado a esconder. A verdade é que se colocar em primeiro lugar não é apenas aceitável, mas essencial para o seu bem-estar. Você foi Desenhado para ser guiado por seus interesses "egoístas" e quando permitir que isso aconteça, será capaz de realizar muito mais — para si mesmo e também para outras pessoas.

Vivemos em um mundo desconfortável, com pessoas que sabem o que querem e correm atrás. Mas as pessoas que o julgam por colocar seus desejos em primeiro lugar são as verdadeiras egoístas — o julgamento que fazem de você impede que você e elas tenham os resultados positivos resultantes da sua autonomia. Então, não deixe a culpa ou as expectativas externas reprimirem seu verdadeiro eu. Em vez disso, considere o egoísmo como um meio de respeitar seus desejos, operar com autenticidade e levar seu melhor eu para o resto do mundo a fim de que todos saiam ganhando.

Escolher ver o egoísmo de forma positiva pode ser uma lição poderosa para o amor-próprio e a aceitação. Apesar dos estigmas sociais, entender que o egoísmo pode ser construtivo lhe permite ter uma base de autorrespeito e confiança. Ao reconhecer e priorizar suas necessidades e desejos sem desculpas, você libera todo o seu potencial e irradia autenticidade, promovendo interações mais harmoniosas com o mundo ao redor. Aceite sua natureza autêntica, respeite seus desejos e veja como ela transformará sua vida para melhor.

### EXPERIMENTE ISSO: REFORMULE O EGOÍSMO

Pegue seu diário e volte a mente para um momento em que sentiu que agiu "com egoísmo". Reflita sobre a experiência e se pergunte:

Qual desejo alimentou minhas ações?
Qual foi o resultado das minhas ações?
Como minhas ações me beneficiaram?
Como minhas ações beneficiaram os outros?
Eu senti vergonha ou orgulho das minhas ações?
O que essa experiência me ensinou?

Agora reflita sobre um momento em que você queria agir em seu próprio interesse, mas não o fez porque se sentiu muito envergonhado ou constrangido de ser visto como "egoísta". Reflita sobre a experiência e pergunte a si mesmo:

Qual ação "egoísta" eu queria tomar?

Qual ação condicionada eu tomei?

O que aconteceu antes de o meu medo de ser visto como "egoísta" ser desencadeado?

Qual desejo suprimi por não agir "com egoísmo"?

Como as coisas teriam sido melhores se eu tivesse respeitado meus próprios desejos?

O que eu e minha comunidade perdemos porque suprimi meu desejo?

## SAIBA, E DECLARE, O QUE VOCÊ QUER

Se você tem uma Autoridade do Ego, o mais importante que pode fazer por si mesmo ao tomar decisões é ser claro sobre quais o beneficiarão. Você pode fazer isso com um processo de caixa de ressonância, em que você fala sobre desejos, opções e sentimentos até ter clareza sobre o que quer e se sentir confortável agindo com isso.

A caixa de ressonância é uma pessoa que ouvirá sem segundas intenções ou sem o desejo de corrigir você, ou o problema. Ela escuta e repete o que você diz e não diz, o tom que você usa e talvez lhe faça mais perguntas para você falar e poder chegar a um profundo conhecimento do que é correto no seu caso.

Esse processo pode levar tempo, e você pode querer falar sobre o mesmo assunto várias vezes com a mesma pessoa, com pessoas diferentes ou até mesmo falar sobre isso em voz alta para si mesmo ou seu animal de estimação favorito. O que importa é o processo de ouvir você mesmo falar e identificar seus desejos em voz alta.

## USE SUA FORÇA DE VONTADE COM SABEDORIA

O Centro do Ego é onde reside sua força de vontade, então, como alguém com Autoridade do Ego, você tem reservas impressionantes de vontade.

É um dom incrível, mas um que você pode ter sido condicionado a usar mal como uma forma de se forçar a realizar tarefas e experiências que não lhe parecem corretas.

Para assumir o Alinhamento com sua Autoridade do Ego, você tem que deixar de lado a ideia de que precisa superar tudo. Em vez disso, concentre sua força de vontade na realização dos seus verdadeiros desejos — as coisas para as quais tem abundância criativa — e pare com a necessidade condicionada de forçar seu caminho para o sucesso.

Pense na sua força de vontade como uma conta poupança: quando você colocar dinheiro — ou, neste caso, descanso e se recuperação para ter mais energia —, terá economias ao precisar. No entanto, se continuar gastando toda a energia e força de vontade forçando-se a viver, então acabará vazio, sem energia para nada.

Conforme você afastar sua força de vontade das coisas que não quer e a alocar nas coisas desejadas, terá ainda mais acesso à sua própria vontade. Pense em agir em seu próprio interesse como um truque para ter mais acesso aos seus superpoderes.

### EXPERIMENTE ISTO: UMA SEMANA DE VONTADES

Passe uma semana fazendo o que você quer, do jeito que quer.

Isso não significa necessariamente abandonar todos os seus projetos porque você não quer trabalhar. Pelo contrário, significa se permitir priorizar as tarefas e os projetos que são mais satisfatórios e benéficos para você.

Comece reavaliando sua lista de tarefas. Em vez de organizá-la pelo que é mais urgente, organize-a pelo que traz os maiores benefícios para você — ouça o que seu coração diz quando se trata de identificar quais podem ser esses benefícios (levará algum tempo para pensar sobre isso).

Então, viva a semana fazendo o que mais o beneficia. Se você não se sente inspirado ou está ressentido com seu trabalho, tente se revitalizar lembrando os benefícios. Se não consegue citar nenhum benefício para uma tarefa, desista dela ou delegue!

No final da semana, faça um diário sobre a experiência. Registre o que funcionou ou não, e como sua relação com a satisfação de seus próprios desejos mudou desde que começou o experimento.

Planeje descansar e tenha um tempo de recuperação para retornar sua energia para o banco.

## APOIANDO AMIGOS, FAMÍLIA E COLEGAS COM A AUTORIDADE DO EGO

Se você está lendo isso porque quer apoiar melhor alguém que tem Autoridade do Ego, o mais importante que pode fazer pela pessoa é defender e celebrar os desejos que ela expressa. Responda com entusiasmo e comente como você vê que agir segundo esse desejo traz benefícios para ela e os outros. Isso a ensina que você é uma pessoa confiável para compartilhar seu coração; diz que são uma equipe e que você a valoriza.

Mas tenha cuidado para não dar conselhos ou instruções — seu ente querido ou colega precisa de apoio, não de autorização. Ele precisa de espaço para se concentrar em seus próprios desejos, não as cartas certas para agradar você. Então, mesmo quando algo que ele quer fazer não beneficie você diretamente, tente ver como isso favorece a vida dele e comemore a decisão de seguir tal desejo.

E, acima de tudo, deixe de lado os julgamentos do processo focados nela mesma. Saiba que é a forma como a pessoa vive; é como está Desenhada para ver o mundo e entendê-lo. Quando as ações dela parecerem egoístas, confie que isso faz parte do processo. Com o tempo, você verá como as decisões também atendem outras pessoas.

## PROPOSTAS DE DIÁRIO PARA ACEITAR SUA AUTORIDADE DO EGO

Use estas propostas para descobrir o que inconscientemente o impede de se alinhar à sua autenticidade e desbloquear seu potencial:

Descobrindo e curando o passado:

- Como no passado eu tive desafios e não trabalhei com minha Autoridade do Ego?
- Quais comportamentos de tomada de decisão precisam ser abandonados para eu assumir o poder da minha Autoridade do Ego?
- Onde no passado eu estive em Alinhamento com minha Autoridade do Ego?

Alinhando-se com o agora:

- Com o que me identifico em minha Autoridade do Ego?
- A que estou resistindo em minha Autoridade do Ego?
- O que eu estou mais curioso para experimentar primeiro em relação à minha Autoridade do Ego?

Criando o futuro:

- Quais são as três coisas que farei hoje para estar mais em Alinhamento com minha Autoridade do Ego?
- Como minha Autoridade do Ego apoia meu futuro eu?
- Como a vida será especificamente melhor no futuro porque estou tomando decisões com minha Autoridade do Ego?

# 17.
# AUTORIDADE AUTODIRECIONADA SEM COMPLICAÇÃO

*As suas decisões mais alinhadas ocorrem quando você segue em qualquer direção que resulta em uma ação amorosa de sua parte e no encorajamento amoroso dos outros.*

*Você tem Autoridade Autodirecionada se tem um Centro G definido conectado à garganta e Centros do Plexo Solar, Sacral, Esplênico e da Vontade indefinidos.*

*De 2% a 3% da população global opera com Autoridade Autodirecionada.*

TRÊS COISAS A SABER

- É importante ouvir as palavras e a entonação delas, pois isso irá ajudá-lo a saber a direção correta;
- O conselho que você dá para as outras pessoas é muitas vezes o conselho que precisa dar a si mesmo;
- Suas decisões são sobre ir na direção correta para sentir mais amor.

TRÊS COISAS A FAZER

- Encontre uma caixa de ressonância que irá ouvir, dar espaço e permitir que sua voz seja escutada claramente por você;
- Pare de pedir conselhos quando você só precisa falar e ouvir o seu próprio;
- Tenha todas as conversas necessárias para ter clareza.

## O QUE É AUTORIDADE AUTODIRECIONADA?

Ter Autoridade Autodirecionada significa que as suas decisões mais alinhadas são tomadas quando ouve a direção correta para você, muitas vezes para sentir mais amor. Simplificando, você precisa que seus amigos e entes queridos atuem como caixas de ressonância para que você possa se ouvir processando o que está sentindo e tomar uma decisão em voz alta.

Nas páginas seguintes, iremos:

- Desvendar o que significa ter Autoridade Autodirecionada;
- Começar a experimentar este elemento do seu Desenho;
- Explorar como você pode apoiar melhor as pessoas com Autoridade Autodirecionada.

ENCONTRE SUA AUTORIDADE NO MAPA DO DESENHO HUMANO

Quando você gerar seu mapa online, sua autoridade será listada. Mas também poderá ver por si mesmo quando observar os elementos do seu gráfico corporal: se o Plexo Solar, o Sacral, o Esplênico e a Vontade são indefinidos (não coloridos) e o Centro G é definido (colorido) e está conectado à garganta, então você tem Autoridade Autodirecionada.

A Autoridade Autodirecionada é identificada pela combinação dos Centros do Plexo Solar, Sacral, Esplênico e da Vontade indefinidos, além de um Centro G definido e conectado à garganta. O Centro G é onde residem sua própria identidade superior e seu amor incondicional. Ter Autoridade Autodirecionada significa que sua jornada para o Alinhamento é dupla: você precisa aprender a ouvir sua própria voz e confiar na direção em que ela o está enviando, *e* precisa encontrar as pessoas que entendem que amar você significa ouvi-lo sem segundas intenções.

Se você tem Autoridade Autodirecionada, pode ter sido condicionado a ouvir as opiniões de outras pessoas sobre o que deve fazer mais do que seu próprio senso de qual direção é correta.

Você costuma questionar suas próprias escolhas e segue a liderança dos outros sempre que está diante de uma decisão — como uma Autoridade Autodirecionada, você naturalmente absorve e amplifica a energia e as escolhas das outras pessoas, o que pode confundi-lo quando se trata de sentir o que realmente precisa fazer por si mesmo.

Para recuperar a clareza e a confiança ao tomar decisões por si só, você precisa de tempo para falar sobre o que está sentindo em relação a um assunto ou uma decisão. Quando expressar seus sentimentos para uma caixa de ressonância confiável, sentirá o que é correto para você e, finalmente, o articulará — confiará que sabe quando ouvi-lo saindo da sua boca.

Sua jornada para o Alinhamento significa reivindicar a sua Autoridade Autodirecionada, aprendendo a ouvir e confiar no poder da sua própria voz, confiando na sua direção inata e sendo guiado pelo desejo de sentir mais amor.

Recondicionar-se e aceitar sua Autoridade Autodirecionada significa aprender a respeitar sua própria voz em primeiro lugar e ensinar as pessoas a lhe dar o espaço e o conforto que você precisa para falar a sua verdade. Quando você renunciar à sua necessidade de aprovação dos outros e aprender a priorizar o seu próprio senso de direção correta, conseguirá tomar decisões mais alinhadas e poderosas, e seguirá o destino para o qual foi Desenhado.

## PARE DE PEDIR CONSELHOS

Se você tem Autoridade Autodirecionada, prospera quando fala sobre seus problemas e trabalha em seu processo de tomada de decisão em voz alta com o encorajamento de outra pessoa. Isso pode ser desafiador, porque você também é influenciado pela energia dos outros — significa que quando chama as pessoas para conversarem sobre o que você deve fazer, provavelmente acaba sendo mais influenciada por elas em suas decisões do que é certo para você.

No entanto, quando sempre pede conselhos, está basicamente terceirizando seu poder de decisão para outra pessoa. Você está negando à sua Autoridade Autodirecionada que ela realize sua obrigação, pedindo para outra pessoa fazer o trabalho pesado em seu lugar, mesmo sendo *você* a única pessoa qualificada para tomar as decisões corretas.

Eis a questão: você não precisa de conselhos. Precisa de um ouvido solidário. E é diferente. Um diz o que fazer. O outro dá espaço para você descobrir o que fará em seus próprios termos.

Então, da próxima vez que você tiver uma decisão para tomar e ficar tentado a procurar conselhos, lide com outras formas de ter espaço para sua própria voz, como gravar uma nota de áudio para si mesmo ou falar sobre seus problemas com um animal de estimação — isso satisfaz o desejo de ouvir seus próprios pensamentos e garante que não receberá nenhum conselho!

E se realmente precisar de um ouvido humano, ligue para um amigo e use este roteiro: "Há algo na minha cabeça e eu estou tentando resolver sozinho. Não quero nenhum conselho, mas você estaria disposto a me deixar falar para que eu possa ouvir o que penso?"

## OUÇA SUA PRÓPRIA VOZ

O segredo para viver em Alinhamento com sua Autoridade Autodirecionada está no nome — você precisa se direcionar. Você foi Desenhado para seguir sua própria direção, então precisa se sentir confortável sendo honesto consigo mesmo sobre o que quer e em qual direção seguir.

Agora é a hora de se comprometer a viver sua própria verdade, direção e autenticidade, em vez de dar poder para os outros tomarem essas decisões no seu lugar.

Assim que parar de procurar conselhos que o afastam da sua própria sabedoria interna, começará a ouvir o que é verdadeiro para você e seguirá seus próprios conselhos.

### EXPERIMENTE ISTO: PENSE EM VOZ ALTA

Na última seção, você aprendeu alguns truques novos para buscar seu próprio conselho (como falar com um animal de estimação ou gravar notas de áudio para si mesmo), mas também é útil convidar sua voz para se expressar, mesmo se não tiver um problema específico que precisa ser pensado em voz alta.

Para se sentir confortável ouvindo e escutando sua própria voz, considere narrar seus pensamentos e ações diários para si mesmo. É uma técnica que muitos professores sugerem às pessoas que aprendem um novo idioma, porque ajuda os falantes a se sentirem confortáveis e a reconhecerem o novo idioma como parte integrante de suas vidas.

O mesmo acontece ao aprender a ouvir sua voz autêntica — quanto mais você usá-la em situações comuns, como explicar em voz alta para si mesmo o que está fazendo, o que pensa e por quê, mais fácil será acessar sua sabedoria interna e se orientar quando precisar tomar uma decisão.

## MODELO DE AMOR INCONDICIONAL PARA SI MESMO

Ter Autoridade Autodirecionada é cultivar um profundo respeito por seu próprio senso inato do que é correto para você, dando à sua voz interna oportunidade e segurança de se expressar, seguindo sua própria direção.

Para criar uma base sólida para a jornada de Alinhamento com sua Autoridade, primeiro você precisa se concentrar em recondicionar sua relação com o fato de ser amado.

Como você tem um Centro G definido, é extremamente importante se sentir amado por quem você é. É um motivador básico para suas ações e é uma poderosa fonte de energia. O problema é que seus condicionamentos social e cultural podem ter cortado a fonte mais poderosa de amor motivador que existe: o amor-próprio.

Muitas pessoas com Autoridade Autodirecionada foram afastadas de sua sabedoria interna e levadas a acreditar que o amor é um dom externo que deve ser concedido a elas por outra pessoa. Nada poderia estar mais longe da verdade: sentir amor começa dentro de você, e você não precisa da aprovação ou da participação de ninguém para acessar o poder do amor em sua vida.

Se quiser redescobrir sua voz interna e entrar em Alinhamento com sua Autoridade Autodirecionada para tomar decisões consistentes que respeitem seu Desenho Humano e o conduzam à vida que você deveria ter, deve começar se dando o amor que você merece e interromper o poder que deu a outras pessoas para determinarem o quanto deve ser amado. Você é infinitamente amado, mas a única pessoa que pode provar isso *é você*.

### EXPERIMENTE ISTO: AFIRME-SE

Este exercício irá ajudá-lo a fazer duas coisas importantes: ouvir sua própria voz e sentir seu amor incondicional por si mesmo.

O primeiro passo é elaborar uma afirmação, ou uma série de afirmações, que expresse seu amor por você. Sua afirmação pode ser tão ampla ou específica quanto quiser. Você pode começar com algo como "eu me amo, não importa o que aconteça" ou pode entrar em detalhes e afirmar um elemento específico da sua vida ou ser como "eu amo a forma como uso meu talento artístico para me expressar", ou "eu amo a forma como mantenho meus filhos alimentados e seguros".

Repita esse mantra para si mesmo pelo menos uma vez por dia, com o ideal sendo o máximo possível de vezes por dia. Diga em voz alta, várias vezes seguidas, respirando fundo e colocando em suas células a cada repetição — realmente ouça sua voz enquanto expressa amor por si mesmo.

Crie mais afirmações à medida que o tempo passa e continue ouvindo sua própria voz enquanto demonstra amor.

## APOIANDO AMIGOS, FAMÍLIA E COLEGAS COM A AUTORIDADE AUTODIRECIONADA

Se você está lendo isso porque quer ajudar alguém que tem uma Autoridade Autodirecionada, a melhor coisa a fazer é não dar conselhos. Em vez disso, deixe a pessoa saber que você está disponível para ser uma caixa de ressonância para que ela elabore seus próprios pensamentos.

Na prática, isso significa focar menos em dizer aos entes queridos o que você acha que eles devem fazer ou até mesmo compartilhar suas próprias experiências em situações semelhantes e, no lugar disso, manter a conversa focada neles e nas experiências deles.

Faça perguntas do tipo:

- Como você se sente quando confrontado com este problema?
- Você pode me falar sobre suas opções?
- Quais desafios você prevê se escolher uma opção e não outra?

- O que é mais importante para você nesta situação?
- Qual conselho você me daria se eu o procurasse com tal problema?

## PROPOSTAS DE DIÁRIO PARA ACEITAR SUA AUTORIDADE AUTODIRECIONADA

Use estas propostas para descobrir o que o impede inconscientemente de se alinhar à sua autenticidade e desbloquear seu potencial.

Descobrindo e curando o passado:

- Como, no passado, eu tive desafios e não trabalhei com minha Autoridade Autodirecionada?
- Quais comportamentos de tomada de decisão precisam ser abandonados para eu assumir o poder da minha Autoridade Autodirecionada?
- Onde, no passado, eu estive em Alinhamento com minha Autoridade Autodirecionada?

Alinhando-se com o agora:

- Com o que me identifico em minha Autoridade Autodirecionada?
- A que estou resistindo em minha Autoridade Autodirecionada?
- O que eu estou mais curioso para experimentar primeiro em relação à minha Autoridade Autodirecionada?

Criando o futuro:

- Quais são as três coisas que farei hoje para estar mais em Alinhamento com minha Autoridade Autodirecionada?

- Como minha Autoridade Autodirecionada apoia meu futuro?
- Como a vida será melhor no futuro porque estou tomando decisões com minha Autoridade Autodirecionada?

# 18.
# AUTORIDADE DO PROJETOR MENTAL SEM COMPLICAÇÃO

*Suas decisões mais alinhadas acontecem quando você para de pensar e confia em seu conhecimento intuitivo para mostrar o caminho.*

*Você tem a Autoridade do Projetor Mental se tem um Centro Ajna definido conectado à cabeça e/ou à garganta e se todos os Centros abaixo da garganta estão indefinidos.*

*Cerca de 3% a 4% da população global opera com Autoridade do Projetor Mental.*

TRÊS COISAS A SABER

- Você não pode tomar uma decisão realmente alinhada se está preso em sua cabeça;
- Você não precisa criar um plano perfeitamente racional com vários pontos para cada decisão tomada;
- Fazer um diário pode se mostrar uma ferramenta transformadora para você.

TRÊS COISAS A FAZER

- Processe seus pensamentos em voz alta ou no papel;
- Experimente abandonar sua necessidade de racionalizar;
- Deixe seus amigos e entes queridos saberem que você precisa de seus ouvidos, não de suas opiniões.

## O QUE É AUTORIDADE DO PROJETOR MENTAL?

Ter a Autoridade do Projetor Mental significa que suas decisões mais alinhadas são tomadas quando você para de pensar e abre espaço para sua intuição. Você faz isso quando pensa em voz alta, falando para outra pessoa que está ouvindo e abrindo espaço. Tirar seus pensamentos da cabeça e declará-los em voz alta ou no papel ajuda a ouvir o que é correto para você e qual ação tomar. No processo de pensar em sua decisão em voz alta e fazer perguntas a si mesmo, sua intuição terá a oportunidade de lhe dar uma resposta clara sobre o que fazer e quando ouvir isso; você *saberá*.

Nas páginas seguintes, iremos:

- Desvendar o que significa ter Autoridade do Projetor Mental;
- Começar a experimentar este elemento do seu Desenho;
- Explorar como você pode apoiar melhor as Autoridades do Projetor Mental em sua vida.

ENCONTRE SUA AUTORIDADE NO MAPA DO DESENHO HUMANO

Quando você gerar seu mapa online, sua Autoridade será listada. Mas você também poderá ver por si mesmo quando observar os elementos do seu gráfico corporal: se os Centros do Plexo Solar,

Sacral, Esplênico, da Vontade e G são indefinidos (não coloridos) e o Centro de Ajna é definido (colorido), então você tem Autoridade do Projetor Mental.

A Autoridade do Projetor Mental é identificada quando todos os Centros abaixo da garganta são indefinidos e o Centro Ajna é definido e conectado à cabeça e/ou à garganta. O Centro Ajna é onde todos os seus pensamentos e opiniões se formam. É o Centro do processamento mental. Ter Autoridade do Projetor Mental significa aprender a respeitar seu raciocínio sem ficar preso à sua mente.

Se você tem a Autoridade do Projetor Mental, pode ter sido condicionado a recorrer muito às suas habilidades de raciocínio para guiá-lo. A razão e a lógica são ferramentas incríveis, mas muitas vezes somos condicionados a priorizá-las acima da nossa intuição e acima de como nosso corpo se sente. Quando você desenvolve esse hábito, seu processo de tomada de decisão fica incompleto — você ouve apenas sua mente, não seu eu inteiro. Sua jornada para o Alinhamento significa aprender a pensar de formas que convidem sua intuição para o que é correto para você ter clareza, em vez de se perder em um ciclo de pensamentos a ponto de sua intuição não conseguir encontrar um espaço para se conectar com você.

Recondicionar-se e trabalhar de modo eficaz com sua Autoridade do Projetor Mental significa focar em criar formas de parar de pensar, dando espaço para sua intuição passar. Quando você começar a ver seu raciocínio como uma ferramenta para convidar sua intuição, aprenderá a reconhecer as pistas mais cedo, terá uma sensação mais clara de conexão entre mente, corpo e espírito, e será capaz de entrar no poder total do seu Desenho.

## TIRE OS PENSAMENTOS DA CABEÇA

Os Projetores Mentais costumam ficar presos em suas próprias cabeças. A experiência pode levar ao excesso de pensamentos, à paralisia na decisão e à desconfiança em sua própria intuição.

Os Projetores Mentais *são* ótimos pensadores. Você tem talento para reconhecer padrões, desenvolver planos bem pensados e estruturados, além de descobrir todas as nuanças e detalhes de cada situação. São dons incríveis, não se engane. São particularmente úteis se você for convidado a ajudar alguém a fazer sua própria jornada de tomada de decisão: você pode ajudar a pessoa a identificar padrões problemáticos, fazer planos criteriosos e cuidar dos pormenores, tudo enquanto ela se conecta à sabedoria interna que sua própria Autoridade fornece.

O desafio é que suas habilidades de raciocínio especializado podem mantê-lo preso em um ciclo de pensamento perpétuo que nunca leva a uma decisão correta. A verdade é que você não foi Desenhado para tomar decisões baseadas apenas no pensamento — só quando aprende a deixar o controle que o pensamento lhe dá e ouvir sua intuição é que você conseguirá descobrir quais decisões são corretas.

Não é que você precisa abandonar seu raciocínio por completo, mas deve ir além. Uma das formas mais simples e eficazes de fazer isso é aliviar a pressão na mente, tirando os pensamentos da cabeça. Coloque no papel ou grave um diário visual, ou em áudio. Procure amigos que sejam ótimos ouvintes e respeitem seu raciocínio, não pessoas que se apressem em dar conselhos.

Assim que você começar a canalizar seus pensamentos em algo concreto, como uma gravação, um caderno ou até mesmo uma conversa, isso irá tirá-lo da sua mente e libertá-lo para receber mensagens de outras partes de si mesmo, ou seja, a sensação de saber, não de pensar, que vem do seu Centro Ajna.

## LIBERTE O PENSAMENTO E ACEITE O CONHECIMENTO

Quando você alivia a pressão de pensar rigorosamente em cada decisão que toma, abre espaço para um tipo diferente de inteligência: sua intuição.

Segundo o Desenho, as pessoas com Autoridade do Projetor Mental têm uma sensação poderosa e intuitiva de saber quando algo correto entra em sua mente. O problema é que você foi frequentemente condicionado a ignorar esse sentimento intuitivo em favor do seu processo de pensamento racional. *Ou* aprendeu que o pensamento crítico é a fonte definitiva do seu conhecimento, o que o atrasa e o distrai da grande realidade: que sua intuição "ilógica" e inexplicável é o ingrediente secreto do seu sucesso. Você desperdiça um tempo e uma energia valiosos tentando racionalizar e justificar o que já sabe, em vez de levar a sério sua intuição natural.

Para você, assumir o Alinhamento significa aceitar seu lado "irracional" tanto quanto idolatrou e contou com seu raciocínio crítico. Significa aprender a confiar em si mesmo e encontrar liberdade no fato de não precisar *pensar* para encontrar uma solução. Em vez disso, você pode sintonizar com o conhecimento inato que já tem e tomar decisões que combinam com sua Autoridade poderosa e intuitiva.

### EXPERIMENTE ISTO: REGISTRE A DIFERENÇA ENTRE PENSAR E SABER

Use seu diário como uma caixa de ressonância para identificar a diferença entre o que você pensa e o que sabe.

Na semana seguinte, sempre que tiver que tomar uma decisão, comece fazendo uma linha vertical no diário, criando duas colunas. Rotule uma com "O que penso" e a outra com "O que sei". Deixe espaço para registrar as experiências nas duas colunas.

Na coluna "O que penso", podem ficar os padrões, os resultados esperados e as considerações que chamam a atenção da sua mente com respeito à decisão que você está tomando.

Na coluna "O que sei", registre suas reações instintivas às opções.

Pergunte-se:

- Como as diferentes escolhas que tenho são sentidas no meu corpo?
- Se não houvesse consequências a considerar, qual opção eu escolheria de imediato?
- O que parece correto, apesar das considerações que eu sinto que precisam de um tempo para pensar?

Comprometa-se a escolher em favor do que você *sabe* versus o que *pensa* o máximo possível na próxima semana e registre o resultado. Pergunte-se:

- Como foi confiar na minha intuição?
- Quais padrões surgiram quando comecei a confiar na minha intuição?

## PEÇA O APOIO NECESSÁRIO

Como você precisa parar de pensar e abrir espaço para ouvir e aceitar sua sabedoria intuitiva, pode ser muito útil ter pessoas próximas que se sintam confortáveis para ouvir as suas experiências e decisões em voz alta.

Pedir aos outros para ajudarem enquanto você explora pode ser um desafio para as pessoas com Autoridade do Projetor Mental, já que estão muito habituadas a confiar no que acontece dentro da própria mente para guiá-las. E no início pode ser como dar um passo para trás; você pode se perguntar: "Por que eu precisaria do apoio de outra pessoa se o objetivo é aprender a confiar na minha própria intuição?"

A verdade é que ter um bom ouvinte de prontidão irá ajudá-lo a examinar seus pensamentos e ouvir o que você sabe. Como você prospera quando libera os pensamentos da cabeça colocando-os no papel e falando em voz alta, ter um público enquanto examina uma decisão irá forçá-lo a sair da sua cabeça e começar a abrir caminho para acessar sua sabedoria intuitiva.

Isso não significa que você deve simplesmente começar a convidar todos a agirem como caixa de ressonância. Escolha amigos, familiares ou colegas dispostos a ouvir e que evitem aconselhá-lo. Você precisa se cercar de pessoas pacientes e atenciosas, não mandonas ou preconceituosas.

Quando encontrar essas pessoas, seja claro sobre o que você precisa delas: apenas de seus ouvidos. Peça-lhes para ouvir e fazer perguntas abertas centradas no processo, não em suas opiniões. Prepare-as para a possibilidade de que você provavelmente precisará falar sobre seus pensamentos e sentimentos várias vezes antes que fique tudo claro.

## EXPERIMENTE ISTO: DESCREVA A FUNÇÃO DA CAIXA DE RESSONÂNCIA

Em seu diário, liste os critérios que tornam alguém uma boa caixa de ressonância. Fique à vontade para deixar o seu lado racional governar esta parte da tarefa. Reflita sobre os padrões de comportamento que constituem boas (e más) habilidades de escuta, reveja suas experiências passadas de falar dos problemas com outras pessoas e identifique o que funcionou ou não. Revise o que você sabe sobre sua Autoridade (bem como seu Tipo e Estratégia) para ajudá-lo a fazer uma lista de qualidades que constituam o tipo de pessoa que seria uma boa caixa de ressonância.

Quando terminar, pergunte-se "Quem na minha vida seria, ou já foi, uma boa caixa de ressonância para mim?" e deixe sua intuição responder. Anote o nome da primeira pessoa que vem à mente e ligue para ela. Peça-lhe para ouvir você dizer o que aprendeu sobre sua Autoridade e abra espaço para explorar o que isso significa para você no futuro.

## APOIANDO AMIGOS, FAMÍLIA E COLEGAS COM A AUTORIDADE DO PROJETOR MENTAL

Se você está lendo isso porque quer apoiar melhor alguém que tem a Autoridade do Projetor Mental, a melhor coisa que pode fazer é incentivar a pessoa a parar de pensar. Dê-lhe diários, vlogs ou equipamentos de podcast. Ou lhe dê seu tempo e atenção — incentive-a a ligar mais para você ou deixar mensagens de voz sobre o que está acontecendo com ela. Quando ela ligar ou deixar mensagens, reforce positivamente esse comportamento, agradecendo-lhe sempre por compartilhar.

Você também pode ajudar as pessoas com Autoridade do Projetor Mental sendo seletivo com as perguntas feitas.

Mantenha a abertura e foque ajudá-las a parar de pensar e aprofundar sua intuição. Faça perguntas como:

- O que parece correto para você?
- O que sua intuição lhe diz?
- Como você gostaria que a situação se desenrolasse?
- Como as diferentes opções disponíveis fazem seu corpo se sentir?
- O que você já sabe como sendo verdade?

## PROPOSTAS DE DIÁRIO PARA ACEITAR SUA AUTORIDADE DO PROJETOR MENTAL

Use estas propostas para descobrir o que o impede inconscientemente de se alinhar à sua autenticidade e desbloquear seu potencial.

Descobrindo e curando o passado:

- Como, no passado, eu tive desafios e não trabalhei com minha Autoridade do Projetor Mental?

- Quais comportamentos de tomada de decisão precisam ser abandonados para eu assumir o poder da minha Autoridade do Projetor Mental?
- Onde, no passado, eu estive em Alinhamento com minha Autoridade do Projetor Mental?

Alinhando-se com o agora:

- Com o que me identifico em minha Autoridade do Projetor Mental?
- A que estou resistindo sobre minha Autoridade do Projetor Mental?
- O que eu estou mais curioso para experimentar primeiro em relação à minha Autoridade do Projetor Mental?

Criando o futuro:

- Quais são as três coisas que farei hoje para estar mais em Alinhamento com minha Autoridade do Projetor Mental?
- Como minha Autoridade do Projetor Mental apoia meu futuro?
- Como a vida será especificamente melhor no futuro porque estou tomando decisões com minha Autoridade do Projetor Mental?

# 19.

# SEM AUTORIDADE INTERNA SEM COMPLICAÇÃO

*As suas decisões mais alinhadas acontecem quando você reserva um tempo e conscientemente se coloca em ambientes que o fazem se sentir acolhido e energizado.*

*Você é Sem Autoridade Interna quando nenhum Centro em seu mapa é definido.*

*Cerca de 1% da população global opera Sem Autoridade Interna.*

TRÊS COISAS A SABER

- As pessoas e os ambientes com os quais você interage têm um efeito poderoso sobre sua energia;
- Você foi Desenhado para fluir pelas coisas, para seguir onde a energia o leva;
- É preciso tempo para saber o que é certo para você.

TRÊS COISAS A FAZER

- Analise como são as pessoas e os lugares que frequenta; se o sentimento não for bom, pode ser hora de seguir em frente;
- Use o ciclo lunar como uma estrutura para controlar sua energia;
- Registre suas experiências com as pessoas, os lugares e as coisas com as quais interage para identificar o que é certo.

## O QUE É SEM AUTORIDADE INTERNA?

Sem Autoridade Interna significa que você não é guiado por um sentimento interno consistente do que é correto, pois sua energia se move e muda conforme o ambiente e as pessoas ao redor. Você foi Desenhado para ler a energia do ambiente e das pessoas que o cercam, como se tivesse um barômetro para ajudá-lo a tomar decisões alinhadas. Você precisará de muito tempo (estamos falando de várias semanas, sempre que possível) para observar, refletir e chegar à conclusão correta.

Nas páginas seguintes, iremos:

- Desvendar o que significa ser Sem Autoridade Interna;
- Começar a experimentar este elemento do seu Desenho;
- Explorar como você pode apoiar melhor as pessoas Sem Autoridade Interna.

ENCONTRE SUA AUTORIDADE NO MAPA DO DESENHO HUMANO

Quando você gerar seu mapa online, sua Autoridade será listada. Mas também poderá ver por si mesmo quando observar os elementos do seu gráfico corporal: se nenhum Centro no seu mapa é definido (colorido), então você é Sem Autoridade Interna.

Ser Sem Autoridade Interna significa que nenhum Centro do corpo é definido em seu mapa. Quando este é o caso, significa que você não obtém sua energia consistente no interior do corpo, mas absorve e reflete a energia com a qual entra em contato, com quem está e onde está. Não é ruim — significa que você tem um mundo inteiro de energia para aproveitar; só precisa aprender a discernir qual você absorve e reflete para o mundo.

Se você é Sem Autoridade Interna, pode ter sido condicionado a ver o seu modo natural de tomada de decisão como passivo: as pessoas podem ter dito que você é muito impressionável ou que é indeciso. Como resultado, você pode ter seguido na direção oposta, forçando-se a tomar decisões de forma rápida e resoluta, teimando nelas mesmo quando não parecem certas. Mas você foi Desenhado para dar um tempo, para sentir profundamente e procurar influências positivas e ambientes que possam ajudá-lo a reconhecer o que é certo — para sentir a vida e tomar decisões se dando um tempo para saber como as oportunidades, as pessoas e os lugares o fazem se sentir antes de escolher um caminho.

Sua jornada para o Alinhamento significa aceitar seu modo único de estar no mundo, permitir-se fluir pelas energias e confiar que, quando você se rodeia de pessoas e coisas que lhe dão poder, seu caminho fica claro.

Para se recondicionar e aceitar o fato de que você é Sem Autoridade Interna, precisa se concentrar em ficar em lugares e se rodear de pessoas cuja energia o faz se sentir bem. Você também precisará de bastante tempo antes de chegar a quaisquer conclusões definitivas e aprender a se libertar de qualquer expectativa como sendo decisiva. Você foi Desenhado para sentir o caminho, lentamente, mas com segurança, para ter uma vida alinhada com quem você é; quando finalmente se permitir tomar decisões em seu próprio tempo, com base em suas próprias observações e sensação de segurança no ambiente e nos relacionamentos, estará mais perto da vida que nasceu para ter.

## SEJA LENTO NO PROCESSO DE TOMADA DE DECISÃO

Quando você é Sem Autoridade Interna, precisa ser livre para ter o tempo necessário para chegar a decisões que são corretas para você.

Quando vai com calma, permite-se refletir sobre o que precisa conforme passa por ambientes diferentes e interage com pessoas diversas. Isso o ajuda a ter a certeza de que as decisões tomadas são verdadeiras para você, não apenas reações à energia com a qual esteve em contato mais recentemente.

Você sempre deve reservar o tempo necessário e, onde puder, deve esperar um ciclo lunar completo para tomar grandes decisões.

Em alguns círculos do Desenho Humano, ser Sem Autoridade Interna também é referido como Autoridade Lunar, em grande parte porque a Lua pode ser uma ferramenta regulatória muito útil para as pessoas que operam com essa Autoridade. A Lua, com suas fases sempre mudando, mas consistentes, pode se tornar um guia externo confiável para ajudá-lo a navegar as escolhas da vida de forma mais eficaz.

Ao sincronizar sua tomada de decisão com o ciclo lunar, você faz uma conexão com os ritmos externos que complementam seu Desenho único. Esse ponto externo de referência não só fortalece sua tomada de decisão, desacelerando o processo, mas também ajuda você a ter uma relação mais harmoniosa com o fluxo natural da vida. O ciclo consistente da Lua se torna uma bússola confiável, oferecendo uma estrutura para suas escolhas com base nas mudanças energéticas que acontecem todo mês dentro de você. Adotar essa abordagem permite navegar pelas decisões de uma forma que respeita seu Desenho individual e reconhece as influências cósmicas que o cercam.

### EXPERIMENTE ISTO: MANTENHA UM DIÁRIO DA LUA

A partir da próxima Lua Nova, anote diariamente por 28 dias, rastreando sua energia conforme a Lua passa por cada nova fase.

Faça a si mesmo estas cinco perguntas:

- Como me sinto hoje?
- Como meu sentimento corresponde à fase atual da Lua?
- Onde, com quem e o que gastei minha energia hoje?

- O que me parece ser verdadeiro hoje?
- O que me pareceu verdadeiro ontem e hoje ainda é?

No final do período de 28 dias, reflita sobre sua experiência com o diário. Pergunte-se:

- Quais verdades se mantiveram e quais ficaram pelo caminho conforme eu passava pelo ciclo da Lua?
- Quais pessoas, lugares e coisas fizeram eu me sentir bem ou mal?
- Durante qual fase da Lua eu me senti particularmente lúcido sobre o que é correto para mim?

Quando se sentir confiante em controlar sua energia à medida que ela passa pelo ciclo lunar, você pode avançar no estudo de como a Lua se move na composição específica de seu mapa do Desenho Humano.

## EXPLORE A ENERGIA À SUA VOLTA

Sem uma bússola interna definida, estar atento a como você se sente no ambiente é essencial para tomar decisões alinhadas ao seu eu autêntico.

Para começar, preste atenção em como diferentes lugares e pessoas influenciam seu humor. Reconhecer quando você fica apreensivo em certas circunstâncias ou cercado de indivíduos específicos é importante. Essa atenção permite escolher ambientes que dão um impulso positivo aos seus níveis de energia — veremos mais sobre isso adiante.

Quando você é Sem Autoridade Interna, é muito importante incorporar práticas como meditação ou exercícios de foco em sua rotina. Essas atividades podem ajudá-lo a estabelecer uma ligação com sua própria energia e aumentar sua capacidade de compreender as vibrações ao redor. A autorreflexão regular e o diário são também ferramentas poderosas para reconhecer padrões e diferenciar quais ambientes contribuem positivamente para sua energia e quais podem ser extenuantes.

Ao sintonizar com a energia, você pode criar um espaço de apoio para seu Desenho Humano único brilhar nas decisões tomadas.

### EXPERIMENTE ISTO: ESCANEIE SEU CORPO E A ENERGIA EM VOLTA

Esta variação na meditação de varredura corporal é particularmente poderosa para pessoas Sem Autoridade Interna. Ela irá ajudá-lo a fazer conexões significativas com as energias externas que agem sobre você e entender como elas o impactam.

Tudo o que você precisa fazer é fechar os olhos e atentar para os pés, então lentamente mover a atenção para cima, percebendo onde se sente contraído ou relaxado, confortável ou desconfortável, pesado ou leve, com dor ou prazer em todo o corpo.

Depois de ter guiado sua atenção pelo corpo, permita que a sua consciência vá mais longe. Observe o que você sente e vivencia além do corpo, sintonizando-se com o ambiente físico onde está, o humor ao redor e quaisquer outros fatores externos que possa sentir. Note que o modo como você se sente fica diferente conforme o lugar, dependendo das energias com as quais interage.

## PREFIRA AMBIENTES QUE O FAZEM SE SENTIR BEM

Como alguém Sem Autoridade Interna, você está sempre absorvendo energia, amplificando-a e refletindo-a de volta. Por isso, é essencial selecionar cuidadosamente os espaços e as pessoas em torno, uma vez que a energia do ambiente pode afetar muito o seu bem-estar e o processo de tomada de decisão.

Escolher ambientes que pareçam bons ou que o desafiem a crescer cria um contexto favorável para sua jornada de vida. Atmosferas negativas ou caóticas podem facilmente direcioná-lo para o caminho errado, talvez levando a decisões que não são suas, mas sim o seu reflexo das decisões de outra pessoa. Ao optar deliberadamente por ambientes que o estimulam e elevam, você pode fazer escolhas que se alinham com seu verdadeiro eu e o aproximam de uma vida tranquila e empoderada.

Porém, cultivar um estilo de vida solidário e cheio de energia é mais do que simplesmente evitar ou procurar ambientes preexistentes. Você também tem o poder de *criar* um ambiente que o encoraje. Isso significa convidar pessoas e coisas que o fazem se sentir bem na vida; significa planejar uma casa que o energiza e escolher agir com base no que você sabe que funciona, não simplesmente esperar pela energia certa chegar. Ao cuidar conscientemente dos espaços onde habita, você tem mais consciência das energias que impactam sua tomada de decisão, promovendo um ambiente onde seu Desenho único possa florescer. Em poucas palavras, os ambientes que você escolhe cultivar e criar se tornam uma tela sobre a qual seu Desenho Humano pode se expressar de forma autêntica, permitindo-o passar pelas decisões da vida com mais clareza e propósito.

### EXPERIMENTE ISTO: CUIDE DO SEU AMBIENTE

Escolha um espaço em sua casa que você possa transformar em um refúgio energético. Preencha-o com coisas que o fazem se sentir bem, seguro, feliz, confortado e fortalecido. Por exemplo:

- Fotos de pessoas ou coisas que o fazem se sentir empoderado;
- Texturas e cores que o fazem se sentir à vontade e confortável;
- Cheiros e sons dos quais você gosta;

- Citações que te inspiram e com as quais se identifica;
- Itens funcionais, como livros, brinquedos ou dispositivos, com os quais gosta de passar seu tempo.

Tenha em mente que o que é bom também muda. Permita-se transformar-se conforme as coisas, as pessoas e os lugares nos quais você se sente bem mudam.

## APOIANDO AMIGOS, FAMILIARES E COLEGAS SEM AUTORIDADE INTERNA

Se você está lendo isso porque quer ajudar alguém Sem Autoridade Interna, comprometa-se agora a lhe dar mais tempo para tomar decisões. Deixe a pessoa saber ativamente que não há pressão e que ela merece ter o tempo necessário para escolher o que é correto.

Outra coisa que você pode fazer é pedir feedback sobre como sua energia a afeta. Seja curioso sobre as coisas que você faz que a empodera e inspira, e esteja ciente das formas como suas interações negativas com ela prejudicam sua jornada.

Faça muitas perguntas esclarecedoras sobre o que ela quer e sente. Seja curioso, esteja presente e deixe espaço para que ela se mostre com o tempo.

## PROPOSTAS DE DIÁRIO PARA ACEITAR A PESSOA SEM AUTORIDADE INTERNA

Use estas propostas para descobrir o que o impede inconscientemente de se alinhar à sua autenticidade e desbloquear seu potencial.

Descobrindo e curando o passado:

- Como, no passado, eu tive desafios e não trabalhei minha Sem Autoridade Interna?

- Quais comportamentos de tomada de decisão precisam ser abandonados para eu assumir o poder da minha Sem Autoridade Interna?
- Onde, no passado, eu estive em Alinhamento com o poder da minha Sem Autoridade Interna?

Alinhando-se com o agora:

- Com o que me identifico em meu poder de Sem Autoridade Interna?
- A que estou resistindo no poder da minha Sem Autoridade Interna?
- O que eu estou mais curioso para experimentar primeiro em relação ao poder da minha Sem Autoridade Interna?

Criando o futuro:

- Quais são as três coisas que farei hoje para estar mais em Alinhamento com o poder da minha Sem Autoridade Interna?
- Como o poder da minha Sem Autoridade Interna apoia o meu eu futuro?
- Como a vida será especificamente melhor no futuro porque estou tomando decisões com o poder da minha Sem Autoridade Interna?

# 20.
# SEU PERFIL SEM COMPLICAÇÃO

Tudo bem, lindo humano, agora você está bem no meio do seu experimento com o Desenho Humano, então faremos uma pequena revisão.

Até aqui, ao longo deste livro, você aprendeu:

- Como ver seu mapa sem ficar sobrecarregado;
- Qual é o seu Tipo e como ele reúne todos os elementos bonitos e variados do mapa que fazem você ser *você*;
- Qual é sua Estratégia e como trabalhar com ela pode ajudá-lo a descobrir o seu propósito neste planeta;
- Qual é sua Autoridade e como ela pode guiá-lo para tomar decisões que são corretas para você e seu Desenho único;
- Como apoiar e ajudar as pessoas, entendendo e respeitando seu Tipo, Estratégia e Autoridade.

Tudo o que você aprendeu até agora lhe deu novas ferramentas para assumir com mais confiança seu Desenho e se mostrar para o mundo com um propósito claro.

Agora é hora de se aprofundar no Perfil, um elemento do mapa que pode ajudá-lo a desbloquear ainda mais seu propósito e, em essência, colocá-lo em prática.

Pense assim: sua Estratégia orienta *o que* você está aqui para fazer (seu propósito); sua Autoridade orienta sobre *onde* colocar sua energia, para que você possa priorizar esse propósito; então, seu Perfil esclarece *como* pode agir, e já age, com esse propósito no mundo.

## O TRAJE DO SEU PROPÓSITO

O seu Perfil identifica temas significativos que se desdobram em todas as áreas da sua vida, além de ajudá-lo a reconhecer como você vê o mundo e como o mundo vê você.

O Desenho Humano tradicional descreve o Perfil como "o traje do nosso propósito". No cinema e no teatro, o traje é um símbolo importante que nos ajuda a entender o que está acontecendo. Um chapéu pontudo nos diz que estamos lidando com uma bruxa; o jaleco branco de outro personagem nos diz que há um médico. São muito importantes porque nos contam com que tipo de história estamos lidando e o que podemos esperar.

Seu Perfil funciona da mesma forma — ele lhe dá pistas importantes sobre o tipo de história em que você está e o papel ativo com o qual pode transitar nessa história.

Você também pode ver seu Perfil como um tema-chave que o segue ao longo da vida. Ele pode dizer como você aprende, o que é mais importante para você, como sabe se está Desenhado para focar em si mesmo ou nos outros primeiro e o que o mundo quer *de* você.

## OS DOZE PERFIS DO DESENHO HUMANO

Cada Perfil é composto por uma combinação de dois arquétipos ou "Linhas". Nos capítulos seguintes, detalharemos as características de cada uma das seis linhas para que você possa conhecer bem os dois elementos do seu Perfil.

DESCUBRA SEU PERFIL

Pegue seu mapa do Desenho Humano. Se ainda não tem um, pode gerar o seu agora no site www.emmadunwoody.com [em inglês] ou https://desenhohumanobrasil.com.br/.

Abaixo da imagem do gráfico corporal colorido, você verá seu nome, seguido do Tipo no Desenho Humano. Apenas algumas linhas abaixo nessa mesma coluna, você encontrará seu Perfil. Ele aparecerá como dois números, por exemplo, 3/5 ou 4/6.

Esses números vêm das colunas que você verá em cada lado do seu gráfico corporal. À direita, você verá uma coluna intitulada "Personalidade". O ponto decimal após o primeiro número inteiro na coluna Personalidade representa a primeira Linha em seu Perfil. À esquerda, verá uma coluna intitulada "Desenho". O ponto decimal após o primeiro número inteiro na coluna Desenho representa a segunda Linha no seu Perfil.

Depois de terminar de ler esta introdução ao Perfil, percorra este capítulo até encontrar as seções que correspondem a cada uma das suas Linhas do Perfil, onde você encontrará mais detalhes sobre como recorrer a cada uma.

## AS SEIS LINHAS DO PERFIL

**Linha 1 – Investigador:** as pessoas com a Linha 1 no Perfil são aprendizes e professores naturais. Você ativa seu propósito buscando e compartilhando conhecimento.

**Linha 2 – Eremita:** as pessoas com a Linha 2 no Perfil são talentos natos; estão aqui para partilhar seus dons naturais. Você ativa seu propósito quando respeita seus talentos.

**Linha 3 – Mártir:** as pessoas com a Linha 3 no Perfil são Desenhadas para aprender experimentando com tentativa e erro. Você ativa seu propósito quando se afasta da convenção e experimenta.

**Linha 4 – Oportunista:** as pessoas com a Linha 4 no Perfil prosperam em comunidade e nas relações. Você ativa seu propósito quando está conectado e é apoiado por outras pessoas que compartilham seus valores.

**Linha 5 – Herege:** as pessoas com a Linha 5 no Perfil existem para curar, resolver e liderar. Você ativa seu propósito quando foca curar a si mesmo e usa sua experiência para ajudar os outros a se curarem.

**Linha 6 – Modelo:** as pessoas com a Linha 6 no Perfil acumulam grandes fontes de sabedoria ao longo do tempo. Você ativa seu propósito quando cultiva paciência e se permite o tempo necessário para aprender e refletir antes de compartilhar sua sabedoria.

LINHAS PESSOAIS VERSUS TRANSPESSOAIS

As Linhas 1, 2 e 3 são consideradas "Pessoais". Isso significa que elas o levam a olhar para dentro, se concentrar em si e na sua jornada primeiro. A partir deste ponto, você compartilha o que descobriu com o mundo.

As Linhas 4, 5 e 6 são consideradas "Transpessoais" e elas convidam você a olhar para fora, perceber o que está acontecendo com os outros e como o que você vê e experimenta ativa sua jornada de crescimento.

## SEU PERFIL É UMA COMBINAÇÃO DE DUAS LINHAS

Todos têm duas Linhas do Perfil: o primeiro número é a sua Personalidade e o segundo é o seu Desenho. Vamos explicar.

Seu primeiro número ou Linha da Personalidade é sua experiência consciente. Ela reflete as coisas com as quais você se identifica conscientemente e muitas vezes corresponderá à forma como os outros o descrevem. Em grande parte, sua Linha da Personalidade representa quem você *pensa* que é e os padrões de comportamento dos quais tem consciência.

Alguém com a Linha da Personalidade 4, por exemplo, se identificará com os temas de relacionamentos, comunidade e conexão — a pessoa está ciente de que valoriza os bons relacionamentos tanto quanto valoriza comer e beber, estando cercada de boas relações ou em uma busca ativa para encontrar pessoas.

O segundo número ou Linha do Desenho representa seu inconsciente e seu corpo. Se sua primeira Linha é quem você *pensa* que é, a segunda Linha é quem você *sente* que é; isso pode ser mais sutil e inconsciente.

## FAZENDO OS CÁLCULOS

Quando começar a explorar cada uma das suas Linhas do Perfil por conta própria, comece colocando-as juntas. Pergunte-se:

- Com quais aspectos da minha primeira e segunda Linhas do Perfil me identifico mais?
- Como minhas Linhas aparecem no dia a dia?
- Como tenho resistido aos temas presentes nas minhas Linhas?

Já falamos sobre como cada uma das seis Linhas do Perfil é "Pessoal" (Linhas 1, 2 e 3) ou "Transpessoal" (Linhas 4, 5 e 6). Agora que você está vendo seu perfil por inteiro e como suas duas Linhas se juntam, pode determinar se tem um Perfil "Pessoal" ou "Transpessoal".

**Perfil Pessoal**

Você tem um Perfil Pessoal se o seu Perfil começa com o menor dos dois números (1/3 ou 4/6, por exemplo). Isso significa que sua jornada de vida é sobre *você* primeiro. Você está aqui para se entender e ativar seu propósito e requer focar suas próprias experiências primeiro. Não é egoísmo priorizar sua experiência; é simplesmente como você é. Confie que, quando seguir este elemento do Desenho, estará mais preparado para causar impacto nos outros do que se tentasse ignorar suas próprias experiências.

**Perfil Transpessoal**

Você tem um Perfil Transpessoal se o seu Perfil começa com o maior dos dois números (5/1 ou 6/2, por exemplo). Isso significa que sua jornada vem pelo que você observa e experimenta com os outros. Você aprende e age de forma mais autêntica com base no que vê os *outros* vivenciarem ou no que está acontecendo *fora* de si. Você foi Desenhado para perceber seu mundo e as pessoas nele, e tomar uma ação com base no que acontece no ambiente e na comunidade, não apenas no que acontece em seu próprio corpo ou mente.

Em cada seção da Linha do Perfil nas páginas seguintes, você terá a oportunidade de refletir e experimentar o conhecimento apresentado. No final de cada seção, encontrará uma série de propostas de diário para ajudá-lo a integrar o que aprendeu, refletir sobre como já assumiu o poder do seu Perfil e descobrir como pode tomar medidas para ativar seu propósito com seu Perfil em mente.

CONVITE DO CAPÍTULO

Você provavelmente desejará avançar e ler sobre suas próprias Linhas do Perfil primeiro, e isso é bom. Mas, como sempre, recomendo que, uma vez que você tenha explorado suas próprias seções da Linha do Perfil, volte e leia cada seção deste capítulo.

Reservar um tempo para conhecer todas as seis Linhas do Perfil, não apenas a sua própria, pode trazer grandes benefícios.

Primeiro, isso lhe dá um melhor conhecimento prático do Desenho Humano como sistema. Você entenderá melhor o que é único e poderoso em seus dons, e o que tem em comum com os outros também.

Em segundo lugar, cada Perfil estará presente em sua vida em algum ponto — no trabalho, na família ou entre os amigos. Reservar um tempo para entender cada Perfil lhe dará uma melhor noção do que motiva as pessoas que você ama e as que não.

Por fim, deixe-me lembrá-lo: nenhuma parte do seu Desenho define você. Seu Perfil é apenas outro ponto de acesso para o autoconhecimento que seu mapa do Desenho Humano fornece. Recomendo ver cada Perfil com curiosidade e abertura para o que você pode aprender sobre si mesmo e os outros.

# 21.
# PERFIL NA LINHA 1 – INVESTIGADOR

Se o seu Perfil inclui a Linha 1, você tem desejo natural e capacidade de dominar o conhecimento. Você valoriza a descoberta e pode ter ambições de se tornar um especialista confiável que os outros procuram para aprender e os orientar.

A aprendizagem é um tema que o seguirá ao longo da vida — você sempre estará em uma jornada de curiosidade e descoberta. Sua fome de conhecimento e sua dedicação para encontrar respostas é aparente para as pessoas ao redor — você pode não saber, mas as pessoas o veem como uma autoridade confiável.

Ao mesmo tempo, você pode ficar preso ao medo de que não pode agir ou provocar impacto até ter aprendido e dominado tudo o que há para saber. Mesmo que as pessoas vejam sua dedicação para aprender como algo que lhe confere autoridade, você pode sentir que nunca tem conhecimento, respostas ou certificações suficientes. A verdade é que você nunca terá todas as respostas — é impossível. A grande verdade é que, na realidade, muitas vezes você terá todas as respostas de que precisa para seguir em frente.

Você é um especialista *por causa* — não apesar — das respostas que ainda não tem. Como o seu combustível é a busca por conhecimento, você sempre será alguém com quem as pessoas podem contar para ajudá-las a encontrar as respostas de que precisam.

Usar seu Perfil para viver o seu propósito — e se mostrar ao mundo como seu eu mais autêntico — significa mudar o rumo e reconhecer o que todos ao redor já sabem: a sua vontade de respostas e conhecimento é sua maior força. Quando você se aceita como eterno aprendiz e reconhece que serve ao planeta, sempre estando pronto para investigar qualquer coisa e aprender mais, pode se livrar da insegurança que vem de não saber tudo de imediato e vestir o traje do seu propósito, aceitando seu duplo papel como aluno e professor.

SOBRE O ARQUÉTIPO

A Linha 1 está associada ao arquétipo do Investigador. Embora essa linguagem certamente reflita a curiosidade natural e o desejo de conhecimento que alimenta as pessoas com os Perfis da Linha 1, também não é o quadro completo. A verdade é que você procura respostas porque teme o não saber, então se aprofunda nas coisas e constrói bases fortes e robustas que criam segurança e estabilidade para si mesmo e para os outros.

## LINHA 1 PARA A PERSONALIDADE

Se você tem a Linha 1 para sua Personalidade (o primeiro número em seu Perfil), sua relação com a aprendizagem provavelmente desempenhou um papel claro em sua vida até agora. Você é motivado para criar segurança e proteção em sua vida. Isso vem do conhecimento, sem surpresas ou incógnitas — é o que o faz se sentir seguro.

Você pode ter gostado de pesquisar, estudar e expandir seus conhecimentos na escola, e talvez agora atue em um papel e/ou uma área como, por exemplo, no meio acadêmico, jornalismo, estudos espirituais ou outra profissão que enfatiza o aprendizado, como medicina ou engenharia. Ou pode ser um eterno entusiasta e ama mergulhar em novas habilidades e tópicos por diversão.

Provavelmente você é o primeiro a dizer que ama aprender e também o primeiro a admitir que não é um especialista quando se sente inseguro sobre o conhecimento que tem em relação a um tópico específico.

Como subir de nível e usar seu amor consolidado por aprender e a habilidade para encontrar respostas para melhor viver o seu Desenho Humano e se sentir mais em sintonia com seu propósito neste planeta?

É simples: assuma seu papel de especialista. Ofereça sua sabedoria aos outros quando guiado por sua Estratégia e Autoridade no Desenho Humano.

Se alguém o chama de especialista ou agradece por tudo que você sabe, retribua e reconheça que esse é o seu superpoder. Pare de ter medo do que acontecerá se não souber a resposta. Confie que você está programado para encontrar as respostas que ainda não tem e que é sua tenacidade natural, não o conhecimento em si, que o torna valioso.

## LINHA 1 PARA O DESENHO

Se você tem a Linha 1 no seu número do Desenho, sua relação com a aprendizagem pode ser mais sutil. Você pode não se identificar imediatamente com ser um "bom aluno" ou sentir que tem um impulso natural para encontrar as respostas. A verdade é que sua curiosidade simplesmente se manifesta de forma diferente.

Como sua Linha do Perfil no Desenho se preocupa com o corpo e com o que está no seu inconsciente, a sua curiosidade e sua fome de conhecimento podem ser menos óbvias. Na verdade, seu desejo de criar segurança e proteção por meio do conhecimento pode ser algo em que você não pensa conscientemente, mas é algo que faz a maior parte do tempo.

Como sua Linha 1 está no lado do Desenho, você primeiro precisará de informações para se sentir seguro. Quanto tiver tomado a decisão de fazer algo, desejará as informações e o conhecimento necessários para seguir em frente, e assim que os tiver, estabelecerá uma base segura e continuará a progredir.

Para iluminar os superpoderes da Linha 1 escondidos em seu subconsciente, priorize pesquisar o conhecimento e encontrar informações sobre o que o atrai. Saiba que o medo que você tem em torno de não saber o suficiente é sua motivação intrínseca para encontrar respostas, ter conhecimento e se tornar uma autoridade poderosa.

O principal bloqueio ou o ponto negativo que a Linha 1 tem é a paralisia da análise, o medo de ainda não ter ou saber o suficiente, e não agir por causa disso. Isso não é verdade! Você sempre terá mais conhecimento e informações do que realmente precisa; só o medo lhe dirá o contrário.

## PROPOSTAS DE DIÁRIO PARA DESBLOQUEAR O PODER DO SEU PERFIL NA LINHA 1

Use estas propostas para descobrir o que inconscientemente o impede de se alinhar à sua autenticidade e ativar seu propósito.

Descobrindo e curando o passado:

- Onde, no passado, eu expressei o ponto negativo do meu Perfil na Linha 1?
- O que, no passado, precisa ser curado e abandonado para eu assumir meu poder?
- Onde, no passado, eu estive em Alinhamento com meu Perfil na Linha 1?

Alinhando-se com o agora:

- Com o que me identifico em meu Perfil na Linha 1?
- A que estou resistindo sobre meu Perfil na Linha 1?
- O que eu estou mais curioso para experimentar primeiro em relação ao meu Perfil na Linha 1?

Criando o futuro:

- Quais são as três coisas que farei hoje para ativar meu propósito com meu Perfil na Linha 1?
- Como meu Perfil na Linha 1 apoia o meu eu futuro?
- Como assumir o poder do meu Perfil na Linha 1 me ajudará a apoiar os outros no futuro?

# 22. PERFIL NA LINHA 2 – EREMITA

Se a Linha 2 aparece em seu Perfil, você prospera quando segue as coisas que domina facilmente, ou seja, seus talentos naturais. Embora pareça um conselho genérico, dê uma olhada nas Linhas 1 e 3, e verá como você é diferente. Apesar de as Linhas que o cercam realmente mostrarem seu valor quando busca e compartilha conhecimento, ou passa por experiências para descobrir o que funciona ou não para encontrar o que é correto, você está Desenhado para trabalhar com o que já tem. Você não existe para reunir conhecimento e experiências primeiro, você está aqui para desenvolver seus talentos naturais.

Como Linha 2, construir e manter a *consciência* e a *confiança* em seus dons será um tema que você encontrará ao longo da vida. Embora você possua talentos naturais, pode não estar sempre ciente deles nem dar a eles o crédito e o respeito que merecem. Aceitar seu Perfil na Linha 2 é sobre reconhecer o valor da sua contribuição natural.

Você pode lutar com sentimentos de culpa quando escolhe fazer o que lhe parece fácil ou natural, porque foi condicionado a acreditar que um trabalho bom e significativo também deve ser difícil sempre. A verdade é que, para você, a facilidade é um sinal de que está fazendo certo. Quanto mais fácil e natural, maior o impacto potencial em você e em sua comunidade no geral.

SOBRE O ARQUÉTIPO

A Linha 2 está associada ao arquétipo do Eremita. E é verdade, você domina seus talentos quando se retira para seu próprio espaço e se concentra em estimular, explorar e desenvolver seus talentos naturais. Mas não exagere nesse rótulo: ser Linha 2 não faz de você alguém antissocial por natureza nem requer se afastar dos seus entes queridos e da sociedade em geral. Simplesmente reflete que você funciona bem quando se dá tempo e espaço para fazer suas coisas, em seus termos.

Como Linha 2, você provavelmente não gosta de receber ordens ou orientações não solicitadas nem de seguir autoridades. Trabalhar com as hierarquias tradicionais será frustrante, porque você funciona melhor fazendo as coisas do seu jeito, aprendendo com seus colegas e seguindo seu próprio ritmo.

Para identificar seus dons da Linha 2, preste atenção ao que as outras pessoas dizem em que você é bom ou pedem ajuda. Algumas vezes, essas coisas serão práticas, como ser um mentor, praticar um esporte ou aconselhar sobre algo com o qual teve muito sucesso. Outras vezes, será menos óbvio: talvez você seja solicitado a reunir as pessoas ou oferecer conforto. São seus talentos naturais também.

## LINHA 2 PARA A PERSONALIDADE

Se você tem a Linha 2 para sua Personalidade, provavelmente já tem uma ideia de quais são seus dons. Talvez você seja um grande cozinheiro, tenha talento para números e cálculos ou tenha mostrado um talento artístico, ou físico, desde cedo. É provável que seus dons e seu estilo de vida já estejam um pouco entrelaçados.

É uma atração natural fazer o trabalho que ama, do seu jeito, e isso permite recorrer aos seus dons. E você provavelmente levará seus dons para o lar também — seus talentos não estão apenas no local de trabalho.

Sua função agora é realmente aceitar em que você é bom e o que lhe parece natural. Quando alguém convocar seu talento, responda entregando-o ao mundo. Consulte sua Estratégia e sua Autoridade para saber quando seus dons podem ser usados para ativar seu propósito. Pergunte-se: "Estou revelando ou escondendo meus talentos para o mundo?"

## LINHAS 2 PARA O DESENHO

Se você tem a Linha 2 para seu Desenho, sua jornada para conhecer seus dons pode exigir um pouco mais de atenção. Eles podem parecer sutis e difíceis de nomear. Confie, mesmo que não possa identificar imediatamente seus dons, eles existem e já atuam em sua vida — mesmo que ainda não possa articulá-los.

Como sua Linha do Perfil do Desenho se preocupa com o corpo e com o que está no seu inconsciente, seus dons podem ser menos óbvios e mais enraizados na experiência vivida. Você pode ter uma empatia natural pela cura e pelo trabalho social, pode ter uma intuição incrível ou uma conexão próxima com a natureza.

Para encontrar os dons que brilham com sua Linha 2 no Desenho, comece praticando a reflexão. Olhe para trás todo dia e identifique o que foi fácil e o que as outras pessoas dizem no que você é bom. Rastreie os padrões ao longo do tempo e permita que seus dons sejam revelados.

O principal bloqueio ou ponto negativo da Linha 2 é a ocultação — "nunca arrisca ser visto". A verdade é que seus talentos estão aqui para serem vistos e compartilhados, e isso significa deixar a caverna do Eremita e responder aos pedidos para compartilhar seus talentos.

## PROPOSTAS DE DIÁRIO PARA DESBLOQUEAR O PODER DO SEU PERFIL NA LINHA 2

Use estas propostas para descobrir o que inconscientemente o impede de se alinhar à sua autenticidade e ativar seu propósito.

Descobrindo e curando o passado:

- Onde, no passado, eu expressei o ponto negativo do meu Perfil na Linha 2?
- O que, no passado, precisa ser curado e abandonado para eu assumir meu poder?
- Onde, no passado, eu estive em Alinhamento com meu Perfil na Linha 2?

Alinhando-se com o agora:

- Com o que me identifico em meu Perfil na Linha 2?
- A que estou resistindo sobre meu Perfil na Linha 2?
- O que eu estou mais curioso para experimentar primeiro em relação ao meu Perfil na Linha 2?

Criando o futuro:

- Quais são as três coisas que farei hoje para ativar meu propósito por meio do meu Perfil na Linha 2?
- Como meu Perfil na Linha 2 apoia meu futuro eu?
- Como assumir o poder do meu Perfil na Linha 2 me ajudará a apoiar os outros no futuro?

# 23.
# PERFIL NA LINHA 3 — MÁRTIR

Ter a Linha 3 no Perfil significa que sua missão exigirá muita experimentação, com algumas vitórias e inúmeras lições. Você é Desenhado para ir à luta, apontar o que não funciona e descobrir o que funciona por meio da aprendizagem experimental.

Os altos e baixos da sua jornada de vida serão seus maiores pontos fortes, porque tudo o que você experimentar ao longo do caminho irá ajudá-lo a ter grande resiliência e espírito aventureiro. Todas as experiências que você reúne o tornam incrivelmente acessível aos outros; as pessoas sentem que você se colocou no seu lugar… e em muitos casos sim.

É importante rejeitar a ideia comum de que podemos fracassar. A verdade é que não fracassamos em nada — ganhamos ou aprendemos.

Como você existe para apontar o que *não* funciona, deve experimentar o que não dá certo, então, com toda a sua descoberta, compartilhará o que *funciona* e por quê. Às vezes, seguir na direção errada é a única forma de chegar ao lugar certo.

A jornada para aceitar sua Linha 3 pode ser desafiadora — pode parecer injusto que você tenha que fazer tudo da "maneira difícil". Colega da Linha 3, acredite quando digo isso: aceitar seu caminho experimental o tornará uma força irrefreável para fazer mudanças positivas. A resiliência, a criatividade e a empatia que vêm de ter uma vida como Linha 3 são recompensas dignas de todas as reviravoltas que você enfrentará ao longo do caminho.

SOBRE O ARQUÉTIPO

A Linha 3 está associada ao arquétipo do Mártir. Esse título não é empoderador nem útil, na minha opinião e, embora seja comum nos círculos tradicionais do Desenho Humano, eu evito usá-lo na maioria dos casos. Ainda que seja verdade que ter um Perfil na Linha 3 significa, sobretudo no início da sua experiência, que você pode acabar em situações as quais não consegue parar de pensar "Por quê?", você tem a capacidade de determinar como responder ao impulso inicial de se fazer de vítima, e a maioria das Linhas 3 que eu conheço não se faz de mártir. Quando você estiver empoderado e vir sua Linha 3 como uma jornada de aventura, nunca entrará na energia do Mártir. Tudo bem se perguntar "Por que eu?", contanto que você esteja preparado para se dar uma resposta inteligente: "Porque fui Desenhado para aprender com esta experiência e um dia conseguirei ajudar alguém a navegar por ela porque eu vivi isso".

As pessoas com perfis na Linha 3 tendem a ter um forte senso de justiça e verdade — como você passou por muitas experiências diferentes, pode reconhecer situações que causam sofrimento ou deturpam o que sabe ser verdade. Você pode recorrer às suas próprias experiências e sabedoria arduamente conquistada para lutar pelo que é certo e defender os outros.

Para realmente assumir o poder de ativação do seu Perfil na Linha 3, a primeira coisa que precisa fazer é reinventar o fracasso em sua vida. Pare de classificar suas experiências como perda ou ganho e comece a ver sua jornada como ganhando ou *aprendendo*. Confie que sempre encontrará uma saída, não importa o obstáculo, e cada alto e baixo que encontrar fortalecerá sua capacidade de se mostrar para si mesmo e para os outros.

## LINHA 3 PARA A PERSONALIDADE

Se você tem a Linha 3 na Personalidade, é Desenhado para ser um experimentador ousado e confiante. Você rejeita ativamente as normas sociais. Você sabe que está no seu melhor quando simplesmente mergulha em qualquer desafio à frente e lida com ele até que uma solução se apresente. Você pode se sentir em casa atuando em papéis com liberdade para tentar coisas novas e experimentar — ambientes onde pode iterar e aplicar o pensamento "vencer ou aprender". Você pode ser atraído por coisas pouco convencionais e oportunidades para destruir e refazer algo, e provavelmente terá prazer em tentar novidades e ir a lugares novos.

Para tirar o máximo proveito do que a sua Personalidade na Linha 3 tem a oferecer, intensifique o problema. Reconheça a tentativa e o erro como parte essencial do seu processo e celebre isso. Comprometa-se ainda mais, e sem desculpas, a ter uma vida pouco convencional — as lições aprendidas compensarão a estrada sinuosa.

## LINHA 3 PARA O DESENHO

Se você tem a Linha 3 em seu Perfil do Desenho, é importante refletir sobre o feedback do seu corpo à medida que vivencia e experimenta os altos e os baixos do seu estilo de vida por tentativa e erro.

Sua Linha do Perfil do Desenho reflete o que acontece com você nos níveis físico e subconsciente. Prestar atenção ao corpo e ouvir o que ele está dizendo para realmente entender e aprender com a experiência incorporada no mundo é essencial para você.

Sempre que se sentir confuso ou não tiver certeza do que quer ou do que é certo para você, deve passar algum tipo de experiência: você precisa sair e tentar, seja lá o que for. Com vivências e experimentos, você ficará consciente do que *não* fazer ou do que *parar* de fazer, e o que especificamente precisa ser feito para ter o melhor resultado.

Você tem o potencial de ser muito resiliente e aventureiro quando não teme mais os erros ou o que não funciona. Você vê as coisas de formas que os outros não se abrem o suficiente para ver, muito menos colocam em ação — você é explorador e aventureiro em todas as áreas e setores.

O principal bloqueio ou o ponto negativo que as Linhas 3 têm é o medo de fracassar ou cometer um erro. Em vez disso, elas desistem ou fogem porque acham mais fácil recomeçar do que enfrentar o fracasso. Elas podem ter fobia pelo comprometimento e escolher a próxima coisa que chama a atenção, em vez de se comprometer com o que são Desenhadas para destruir, refazer e compartilhar com os outros.

Para ajudar a identificar o que parece correto para você, consulte sua Estratégia e sua Autoridade.

## PROPOSTAS DE DIÁRIO PARA DESBLOQUEAR O PODER DO PERFIL NA LINHA 3

Use estas propostas para descobrir o que o impede inconscientemente de se alinhar à sua autenticidade e ativar seu propósito.

Descobrindo e curando o passado:

- Onde, no passado, expressei o ponto negativo do meu Perfil na Linha 3?
- O que, no passado, precisa ser curado e abandonado para eu assumir meu poder?
- Onde, no passado, eu estive em Alinhamento com o meu Perfil na Linha 3?

Alinhando-se com o agora:

- Com o que me identifico em meu Perfil na Linha 3?
- A que estou resistindo sobre meu Perfil na Linha 3?

- O que eu estou mais curioso para experimentar primeiro em relação ao meu Perfil na Linha 3?

Criando o futuro:

- Quais são as três coisas que farei hoje para ativar meu propósito por meio do meu Perfil na Linha 3?
- Como meu Perfil na Linha 3 apoia meu futuro eu?
- Como assumir o poder do meu Perfil na Linha 3 me ajudará a apoiar os outros no futuro?

# 24.
# PERFIL NA LINHA 4 — OPORTUNISTA

Se a Linha 4 aparece no seu Perfil, você é muito sociável. Você valoriza a comunidade e anseia por relações significativas. Você ativa seu propósito quando trabalha ao lado das pessoas e as empodera.

Sentir-se seguro, confortado e apoiado pelas pessoas com quem se relaciona é uma parte fundamental da sua identidade. Como resultado, você descobrirá que criar e ter um senso de conexão e comunidade com os outros é um tema que irá segui-lo ao longo da sua jornada de vida. Você terá maior impacto quando estiver cercado por pessoas e relacionamentos que se alinham com o seu propósito — por colaboração com colegas afins, ajudado por entes queridos que respeitam seus valores e objetivos ou usando suas habilidades para incentivar e desenvolver os outros.

SOBRE O ARQUÉTIPO

A Linha 4 está associada ao arquétipo do Oportunista. No contexto dessa Linha do Perfil, essa linguagem se refere ao fato de que a oportunidade virá para as Linhas 4 sempre que elas estiverem em comunidade e cercadas por sua gente. Se você está no lugar certo com as pessoas certas, a coisa certa acontece. Sua função é mostrar para as pessoas que você se sente apoiado e energizado; quando fizer isso, será a maré alta que levanta todos os barcos.

Ter a Linha 4 no Perfil indica que você é um influenciador nato. É importante estar atento a como e aonde vai ao assumir posições de influência.

O mais importante sobre ser o influenciador ou a pessoa que traz a nova ideia para ser disseminada pelo grupo é que você escolhe as pessoas e os grupos de que faz parte com cuidado. Você costuma tentar e aturar relacionamentos ruins; pode notar que tem mais medo de ficar sozinho do que com as pessoas erradas. No entanto, quando você passa um tempo com pessoas que não o valorizam ou não o ouvem, seu superpoder da influência se perde.

Conforme você cresce e evolui, verifique consigo mesmo: você tem influência no grupo em que está envolvido? Você se sente seguro nesses relacionamentos? Se a resposta for "não", então deve escolher se afastar e encontrar um novo grupo. Parecerá assustador, mas transformará completamente sua vida quando encontrar pessoas autênticas e alinhadas.

Para ativar seu propósito como Linha 4, comece focando como os relacionamentos em sua vida o apoiam e, igualmente importante, como você ajuda as pessoas com quem tem relacionamentos. Faça um balanço das relações que lhe dão energia, conforto e satisfação, e comprometa-se a continuar estimulando essas relações. Pense também sobre onde sua ajuda seria mais necessária e valorizada. Como você pode assumir melhor seu papel nas comunidades das quais faz parte?

## LINHA 4 PARA A PERSONALIDADE

Se você tem Personalidade na Linha 4, provavelmente fica confiante e confortável sendo parte de projetos em grupo. Talvez já trabalhe ou seja voluntário em espaços comunitários onde a conexão significativa é um fator-chave para o sucesso. Você pode se sentir melhor em ambientes que reúnem grupos, como uma escola. Talvez se sinta motivado a fazer parte de uma equipe ou uma missão — você é uma pessoa sociável, então como se sente sobre seu trabalho e sobre si mesmo muitas vezes se resume às relações que tem em cada área da sua vida. Você se classifica como uma pessoa sociável e provavelmente extrovertida, e se esforça para se aproximar de novas pessoas e explorar amizades e conexões em potencial.

Porém, você pode não ter limites e se comprometer demais ou tentar agradar para evitar a rejeição. Pode ser difícil para você dizer "não", mesmo quando realmente quer. E como você tenta ser amigo de todos em vez de se concentrar nas poucas relações seletivas em que se sente mais autenticamente você, seu impacto pode ser diluído.

No entanto, os limites nos relacionamentos terão mais profundidade e conexão, e melhorarão a qualidade de suas relações, deixando-o com energia para cuidar de si. Afinal, você é o mais importante em sua vida, não seus amigos, família, clientes ou colegas.

Para aumentar seu impacto e influência, lembre-se de seguir sua Estratégia e Autoridade ao se comprometer com pessoas e projetos. Considere como são esses compromissos — você se sente seguro e valorizado, ou não?

Todas as oportunidades importantes virão por meio da sua comunidade, dos amigos e dos relacionamentos, então quanto maior a qualidade dos relacionamentos, maior a qualidade das oportunidades.

## LINHA 4 PARA O DESENHO

Se você tiver a Linha 4 no segundo número do Perfil, ativar o seu propósito por meio do seu Perfil pode exigir mais reflexão.

Como sua Linha do Perfil do Desenho se relaciona com seu inconsciente, pode não estar tão ciente dos relacionamentos que não servem para você ou pode temer a rejeição. Talvez você também não perceba que amigo e membro da equipe brilhante pode ser quando está sendo autêntico e alinhado. Em todo caso, é importante tirar do inconsciente o que importa para você nos relacionamentos e trazer para a luz.

Comece refletindo sobre as relações que você tem em sua vida. Seja honesto consigo mesmo: Você se sente valorizado? Tem influência? Você passa mais tempo tentando melhorar os relacionamentos ruins do que investindo sua energia nos alinhados?

## PROPOSTAS DE DIÁRIO PARA DESBLOQUEAR O PODER DO PERFIL NA LINHA 4

Use estas propostas para descobrir o que inconscientemente o impede de se alinhar à sua autenticidade e ativar seu propósito.

Descobrindo e curando o passado:

- Onde, no passado, expressei o ponto negativo do meu Perfil na Linha 4?
- O que, no passado, precisa ser curado e abandonado para eu assumir meu poder?
- Onde, no passado, eu estive em Alinhamento com meu Perfil na Linha 4?

Alinhando-se com o agora:

- Com o que me identifico em meu Perfil na Linha 4?
- A que estou resistindo sobre meu Perfil na Linha 4?
- O que eu estou mais curioso para experimentar primeiro em relação ao meu Perfil na Linha 4?

Criando o futuro:

- Quais são as três coisas que farei hoje para ativar meu propósito por meio do meu Perfil na Linha 4?
- Como meu Perfil na Linha 4 apoia meu futuro eu?
- Como assumir o poder do meu Perfil na Linha 4 me ajudará a apoiar os outros no futuro?

# 25.
# PERFIL NA LINHA 5 – HEREGE

Se a Linha 5 aparece em seu Perfil, o impacto, a cura e as soluções são sua maior força. Você tem paixão por servir e ativa seu propósito curando feridas — suas próprias e das outras pessoas. Sendo um líder natural, você prospera quando abre espaço para os outros e facilita uma forma mais saudável, mais feliz e mais autêntica de ser. E você não está aqui apenas para ajudar os outros individualmente; quando realmente recorrer ao seu propósito, fará progressos para curar sua comunidade, até mesmo o mundo em geral, porque você existe para provocar um grande impacto.

Ao longo da vida, você irá explorar e entender o que significa curar todos os tipos de feridas e traumas. Curar ativamente seus próprios traumas e medos é uma parte essencial da sua jornada. Quando estiver em sintonia com suas próprias feridas e conseguir reconhecer onde e como precisa de cuidados, você será um líder mais eficaz, terapeuta e guia para os outros em sua própria jornada.

Como Linha 5, os outros provavelmente reconhecerão que você pode ajudá-los a curar — você atrai as pessoas como mariposas pela chama; elas *precisam* da sua ajuda, de suas soluções e orientação. Mas as mesmas pessoas que precisam da sua ajuda também podem projetar suas próprias feridas em você e acusá-lo da mesma coisa que as feriu no passado. Não é você — é a dor delas. Escolher não levar as projeções das outras pessoas para o lado pessoal e ter compaixão em vez de julgar será fundamental para a sua saúde, bem-estar e impacto.

Os limites são primordiais para quem é Linha 5 ou você acabará servindo constantemente sem apoio ou cuidado recíproco. É importante entender que você está aqui para provocar um grande impacto, e quanto melhores os seus limites, maior será o impacto. Nem todas as feridas são para você curar e nem todos aqueles que o procurarão estarão prontos para a cura, então confie em sua Estratégia e sua Autoridade ao decidir onde colocar sua energia poderosa.

SOBRE O ARQUÉTIPO

A Linha 5 está associada ao arquétipo do Herege — alguém que fala, que conduz os outros para uma nova forma de ser. Isso pode ser desconfortável. Você teme ser atacado ou odiado, mas seu poder e liderança importam. Lembre-se, os outros projetam suas próprias feridas em você e o culpam por coisas que não são de sua responsabilidade. O desafio é que muitas vezes você vê o que os outros não conseguem, e eles podem não ver que você está tentando ajudar. É importante esperar que os outros peçam sua orientação e acompanhamento. Siga sua Estratégia e sua Autoridade, e você será recebido e valorizado onde é mais necessário.

Embora esteja programado para ajudar os outros, você precisará descobrir quando já fez o suficiente e reconhecer que é hora de seguir em frente. Você não está aqui para salvar todos, mas para fazer o que pode e capacitar os outros a assumirem a responsabilidade por sua cura, ao mesmo tempo cuidando de si mesmo. Não se permita carregar o peso do mundo inteiro nas costas. Confie que ajudar e capacitar os outros para resolverem e curarem o que os impede terá um efeito bola de neve com um impacto significativo que, em última análise, é maior que você.

Para assumir o poder do seu Perfil, coloque ênfase primeiro em sua própria jornada de cura, depois permita que essa experiência se expanda e toque a vida dos outros. Concentre-se em quem você pode ajudar segundo sua experiência, Estratégia e Autoridade. Confie que você será guiado para aqueles que está aqui para servir, e nunca perca de vista o conforto e o amor necessários ao longo do caminho.

## LINHA 5 PARA A PERSONALIDADE

Se você tem a Linha 5 como sua Personalidade, provavelmente está muito consciente de sua própria paixão por ajudar e curar, e é levado a liderar e provocar impacto. Você é o tipo de gente que leva sopa quente na casa de um amigo doente ou está acessível sempre que alguém tem problemas no trabalho, em seus relacionamentos ou até mesmo em sua saúde física e mental.

Você se orgulha de ser um bom ouvinte e provavelmente já segue uma carreira que reflete sua paixão por ajudar os outros a se curarem. Você pode ser literalmente um terapeuta. Você tem talento para resolver problemas e pensar em soluções, juntamente com o desejo de estar com as pessoas, ajudá-las e animá-las.

Sua Personalidade na Linha 5 o ajuda a assumir seu propósito porque você é naturalmente levado a estar onde é necessário. E se você não tiver certeza de onde sua cura e soluções podem provocar impacto, ouça sua Estratégia e sua Autoridade para receber orientação.

## LINHA 5 PARA O DESENHO

Se você tem a Linha 5 como segundo número, considere que seu chamado para curar está enraizado no corpo. Você pode, literalmente, ter mãos que curam — um talento para a cura em todas as modalidades.

Como sua segunda Linha do Perfil se relaciona não apenas com o corpo, mas também com o que está no seu inconsciente, você pode desconhecer sua jornada para descobrir as feridas emocionais e mentais que precisa curar. Confie que quanto mais trabalhar para descobrir e curar a si mesmo, mais impacto terá quando chegar a hora de ajudar os outros.

Com a Linha 5 como seu segundo número, é importante sentir em seu corpo e descobrir como ele fala com você. Seu corpo sabe o que precisa curar e quais pessoas precisam de cura, então aprenda a ouvir e agir segundo suas mensagens poderosas.

## PROPOSTAS DE DIÁRIO PARA DESBLOQUEAR O PODER DO PERFIL NA LINHA 5

Use estas propostas para descobrir o que inconscientemente o impede de se alinhar à sua autenticidade e ativar seu propósito.

Descobrindo e curando o passado:

- Onde, no passado, expressei o ponto negativo do meu Perfil na Linha 5?
- O que, no passado, precisa ser curado e abandonado para eu assumir meu poder?
- Onde, no passado, eu estive em Alinhamento com meu Perfil na Linha 5?

Alinhando-se com o agora:

- Com o que me identifico em meu Perfil na Linha 5?
- A que estou resistindo sobre meu Perfil na Linha 5?
- O que eu estou mais curioso para experimentar primeiro em relação ao meu Perfil na Linha 5?

Criando o futuro:

- Quais são as três coisas que farei hoje para ativar meu propósito por meio do meu Perfil na Linha 5?
- Como meu Perfil na Linha 5 apoia meu futuro eu?
- Como assumir o poder do meu Perfil na Linha 5 me ajudará a apoiar os outros no futuro?

# 26.

# PERFIL NA LINHA 6 – MODELO

Se a Linha 6 aparece no Perfil, você pensa a longo prazo na vida. Você não está aqui para brilhar intensa e rapidamente, mas para confiar que no processo de viver, aprender e desenvolver sabedoria, amadurece naturalmente para ser o modelo exato que o Universo precisará que você um dia seja.

A Linha 6 em seu Perfil indica três fases específicas que se desdobrarão em sua vida:

- De 0 a 30 anos, você aprenderá e viverá uma experiência por tentativa e erro (vale a pena ler sobre a Linha 3, mesmo que ela não apareça em seu Perfil).
- De 30 a 50 anos, você se afastará para um período de autorreflexão em que começará a processar realmente a experiência da sua vida inicial, curar, dar sentido à sua vida até agora e, por fim, encontrar sabedoria.
- A partir de 50 anos, chegará a um momento na vida em que estará pronto para levar toda a sua sabedoria para o mundo. Quando isso acontecer, o conhecimento e as experiências adquiridos para compartilhar terão um profundo impacto nas pessoas que devem ser orientadas por você.

SOBRE O ARQUÉTIPO

A Linha 6 está associada ao arquétipo do Modelo. Como pode imaginar, isso indica que você está aqui para liderar os outros pelo exemplo e como mentor. Ativar seu propósito é reconhecer que cada estágio da vida que você atravessa é um passo importante na elaboração da sua visão final de mundo. As lições aprendidas, o autoconhecimento buscado e a sabedoria compartilhada são partes igualmente importantes da sua vida e como os outros o perceberão e aprenderão com você.

Paciência é uma habilidade que lhe servirá bem. Sem ela, você pode acabar sempre com pressa para chegar a algum lugar ou ser alguma coisa que você não é, quando, na verdade, você já é a pessoa que precisa ser para se tornar sua sonhada versão.

Embora você passe por fases distintas em sua vida, isso não significa que tenha que esperar até os 50 anos para viver seu propósito. Na verdade, é o oposto: tudo o que você vivencia é seu propósito.

Se você é uma Linha 6 e está se perguntando o que fazer para ativar seu propósito hoje, comece refletindo sobre a fase da vida em que está. Se estiver na fase de tentativa e erro, permita-se sair por aí e experimentar as coisas; reconheça que é seu próprio ato de viver seu propósito. Se está na fase de aprendizado e sabedoria, priorize a reflexão, o estudo e o autocuidado; confie que é um engajamento ativo com seu propósito. E à medida que você assumir a plena potência do seu propósito ao entrar nos 50 anos, respeite a experiência e a sabedoria que está oferecendo — ela foi conquistada com dificuldade e precisa ser compartilhada. Este é o seu propósito em pleno poder.

## LINHA 6 PARA MENOS DE 50 ANOS

Se você tem a Linha 6 como seu primeiro número e tem menos de 50 anos, então pode ter tido inúmeros altos e baixos, e aprendido muito com todos eles. Mesmo antes de estar na forma total do modelo, sem dúvidas você será alguém que os outros procuram em busca de conselhos e orientações. O trabalho que você faz pode ser como um visionário, o grande pensador e a pessoa capaz de ver além dos limites atuais da "forma como as coisas sempre foram feitas". Você possui a imaginação para ver algo completamente "fora" como uma possibilidade real — como um mundo sem dinheiro, por exemplo.

Você sentirá vontade de realizar seu propósito e muitas vezes fará o trabalho que parece fazer parte de algo maior, com significado e visão, então alinhe-se ao trabalho visionário e com propósito.

## LINHA 6 PARA A PERSONALIDADE

Se você tem a Personalidade na Linha 6 e mais de 50 anos, agora é a hora de permitir que os outros o procurem por sua visão, por ser sábio e um grande professor e mentor. Você será chamado a compartilhar o que sabe e o que vê, a mostrar aos outros o caminho — no entanto, tenha limites firmes, do contrário as pessoas drenarão toda a sua energia.

## LINHAS 6 PARA O DESENHO

Se você tem a Linha 6 como Perfil do Desenho, talvez não esteja muito ciente desse caminho mais lento, mas profundamente único que percorre. O mapa do seu futuro — o caminho que promete sabedoria conforme envelhece — pode não parecer algo com o qual está conscientemente conectado. Você é capaz de sentir uma vontade física de se mover, um desejo profundo de estar mais à frente na vida.

Aceitar a Linha 6 como seu Perfil do Desenho significa aprender a diminuir o ritmo, lembrando-se de que você tem tempo e não precisa acertar tudo agora. Estar presente e no momento é como você permite que a sabedoria superior o guie.

## PROPOSTAS DE DIÁRIO PARA DESBLOQUEAR O PODER DO PERFIL NA LINHA 6

Use estas propostas para descobrir o que inconscientemente o impede de se alinhar à sua autenticidade e ativar seu propósito.

Descobrindo e curando o passado:

- Onde, no passado, expressei o ponto negativo do meu Perfil na Linha 6?
- O que, no passado, precisa ser curado e abandonado para eu assumir meu poder?
- Onde, no passado, eu estive em Alinhamento com meu Perfil na Linha 6?

Alinhando-se com o agora:

- Com o que me identifico em meu Perfil na Linha 6?
- A que estou resistindo sobre meu Perfil na Linha 6?
- O que eu estou mais curioso para experimentar primeiro em relação ao meu Perfil na Linha 6?

Criando o futuro:

- Quais são as três coisas que farei hoje para ativar meu propósito por meio do meu Perfil na Linha 6?
- Como meu Perfil na Linha 6 apoia meu futuro eu?
- Como assumir o poder do meu Perfil na Linha 6 me ajudará a apoiar os outros no futuro?

# PARTE 3
# JUNTANDO TUDO

# 27.
# COMO DESVENDAR SEU MAPA: EXEMPLO DE LEITURA

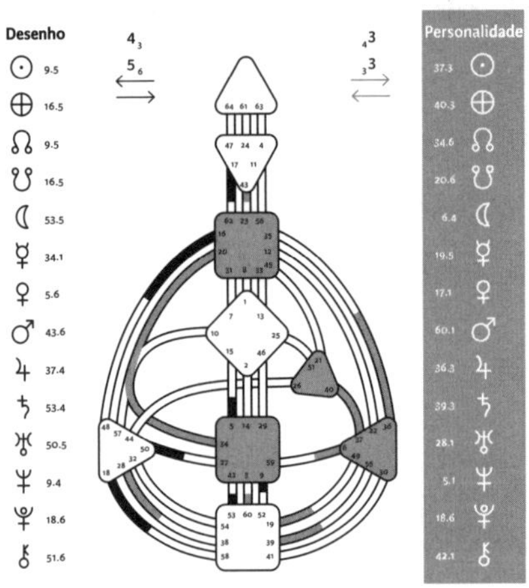


| Nome | Emma Dunwoody |
|---|---|
| Tipo | Gerador Manifestante |
| Estratégia | Responder |
| Autoridade Interna | Emocional – Plexo Solar |
| Definição | Definição Partida |
| Perfil | 3/5 |
| Cruz de Encarnação | Cruz em Ângulo Reto do Planejamento (37/40 \| 9/16) |
| Assinatura | Satisfação |
| Tema Não Eu | Frustração |
| Assimilação | Calma |
| Sentido | Meditação |
| Sentido do Desenho | Visão Externa |
| Motivação | Desejo |
| Perspectiva | Poder |
| Ambiente | Vales |

Quando examinamos nossos mapas, é uma tentação "esmiuçar" os detalhes e vê-los separadamente. Muito parecido com a forma como nosso corpo funciona e como cada parte nossa e cada célula se comunica com todo o corpo, o mapa do Desenho Humano é nosso projeto energético, com todas as partes trabalhando juntas para criar a história do nosso maior potencial e energia. Ver os detalhes individuais pode ser útil e também necessário; porém, sempre queremos trazer de volta a pergunta "Por que fui Desenhado assim?" e entender como o tema geral se relaciona com nossa vida.

É importante ver a história inteira do mapa, e não apenas o Tipo. Por exemplo, sou um Gerador Manifestante com cinco Centros indefinidos, uma definição partida, uma Autoridade Emocional e muitos temas energéticos de "dar um tempo" e desacelerar. Você poderia ver outro Gerador Manifestante que tem apenas dois Centros indefinidos, uma única definição, uma Autoridade Sacral e muita energia rápida. Se prestar atenção apenas ao fato de que nós dois somos Geradores Manifestantes, você poderia nos colocar energeticamente na mesma caixa, mas quando se afasta e examina o quadro geral, os dois indivíduos irão operar de modo muito diferente.

Quando leio o mapa de alguém, o que realmente estou procurando são os temas, a história que o mapa conta e como o indivíduo realmente operou com esses temas por toda a vida.

Veja como eu poderia ver um mapa, usando o meu próprio como exemplo para que você possa ver a história se desenrolando (lembre-se de que ler um mapa requer prática; é uma habilidade que você desenvolverá com o tempo e só será realmente necessária quando quiser detalhar mais os elementos do mapa ou ler os mapas de outras pessoas com confiança).

## TIPO – GERADOR MANIFESTANTE

Sou um Gerador Manifestante, mas o que ratifica isso? É porque eu tenho um "motor" — no meu caso, um Centro Sacral definido, ligado ao Centro da Garganta. É uma energia muito rápida e, como Gerador Manifestante, tenho tendência a me mover rapidamente e ser muito eficiente, não linear e ter diversas paixões. Isso se mostrou muito real ao longo da minha vida, quando tive vários cargos, comecei alguns negócios diferentes em diversos setores e sei que o Desenho Humano em si não é meu "nicho" ou empreendimento final. Sou incrivelmente apaixonada pelo que faço, sempre tenho novas ideias e imagino formas de mudar o mundo.

## ESTRATÉGIA – RESPONDER

Como Gerador Manifestante, sei que sempre respondo ao mundo. Não há necessidade de forçar nada nem "me esforçar" para alcançar meus sonhos, porque o Universo está sempre me dando coisas para responder e me mostrando o caminho. Quando tenho uma grande ideia, simplesmente anoto e depois espero algo para responder. O meu exemplo favorito é o nome do meu podcast. No início não se chamava *The Human Design Podcast*, ele tinha outro nome. Um dia, eu estava no chuveiro e ouvi uma voz dizer: "Você precisa mudar o nome do podcast para *The Human Design Podcast*" e, sinceramente, isso me chocou. Minha síndrome do impostor veio correndo: *Quem é você para fazer isso?* No dia seguinte, eu estava ao telefone com meu mentor e ele me disse: "Você deveria fazer um podcast do Desenho Humano porque não há bons podcasts por aí sobre isso". Uau, lá estava ele, meu algo para responder! Mesmo apavorada, prestei atenção ao sinal externo, mudei o nome e não olhei mais para trás. Agora tenho o podcast líder global de Desenho Humano.

## AUTORIDADE – EMOCIONAL

Como tenho um Centro do Plexo Solar definido, isso me torna uma Autoridade Emocional, que é basicamente reservar um tempo para tomar decisões. Já existe um paradoxo entre a energia muito rápida do Gerador Manifestante e a minha Autoridade Emocional que precisa desacelerar (esse paradoxo aparece em todos os lugares no meu mapa). Antes de aprender sobre o Desenho Humano, eu me identificava profundamente com a necessidade de dar um tempo, sobretudo nas grandes decisões, e sempre me senti desconfortável com a pressa. Saber que sou uma Autoridade Emocional me permitiu ensinar de novo os outros como me tratar, usando frases como "me deixe pensar um pouco" e "procuro você em alguns dias". Sim, minha energia funciona muito rapidamente quando estou "ligada", mas também preciso do equilíbrio da desaceleração. Até meus filhos entendem isso e muitas vezes me procuram com pedidos antecipados dizendo: "Mãe, estou perguntando agora para que você possa pensar".

## PERFIL – 3/5

Quando vi pela primeira vez o Desenho Humano, fiquei muito desapontada por ser uma Linha 3. Desde então, comecei a amar isso em mim, mas no início eu o via como o Perfil "difícil" que sempre tem que fazer as coisas da maneira mais complicada antes de dar certo. Quando entendi melhor, tornei-me amiga da minha energia Linha 3, sabendo que minhas experiências são uma grande parte do meu propósito e do que faço no mundo. As pessoas me ouvem e identificam-se profundamente comigo *por causa* dessas experiências, e é um grande motivo para meu podcast ser tão bem-sucedido, mesmo quando comecei — porque apareci e compartilhei minhas experiências de uma maneira vulnerável. Meu mantra para ser uma Linha 3 é "sempre estou ganhando ou aprendendo", e sei que o fracasso não existe. Essa parte de mim precisa explorar o mundo, experimentar as coisas, causar problemas, depois aprender a lição (e compartilhá-la com você).

A outra parte do meu Perfil é a Linha 5, enraizada na sabedoria e nas soluções práticas. Sei que existo para curar, resolver e liderar, e usar minhas experiências para ajudar os outros. A Linha 5 também existe para ter um impacto, que sempre senti dentro de mim e é o que alimenta minha missão de tornar este trabalho acessível para o maior número possível de pessoas. Em seu ponto negativo, a Linha 5 tende a ser o "salvador" e assumir responsabilidade demais pelos outros, colocando-se em segundo lugar. Eu fiz a minha parte nos relacionamentos, desempenhando o papel de codependente e de quem agrada às pessoas. O Desenho Humano me ajudou a entender a importância dos limites para mim como Linha 5, e mesmo que eu esteja sempre a serviço dos outros, agora também sirvo a mim mesma para liderar e provocar impacto com uma energia saudável.

Examinando essas Linhas do Perfil juntas, entendo que meu propósito é ter experiências, tentar e errar, cair, levantar, criar problemas, me curar primeiro, depois levar minhas experiências para o mundo a fim de ajudar a guiar você com soluções práticas e sabedoria. Meu impacto vem das minhas experiências e da minha capacidade de torná-las universais com recursos concretos, viáveis e simples (como este livro!).

## QUADRO GERAL

Eu poderia continuar por *páginas* aprofundando meu mapa, mas já podemos ver muitos dos mesmos temas e palavras: equilíbrio, experiência, impacto e liderança. Conforme você segue seu próprio Desenho, recomendo prestar atenção aos seus próprios temas. Quais palavras aparecem repetidas vezes? Quais padrões continuam acontecendo em sua vida? O que as outras pessoas sempre veem em você e lhe pedem?

É assim que você começa a aproveitar o verdadeiro poder do seu Desenho, quando deixa a história se desenrolar e entende que você está perfeitamente Desenhado como você é.

# 28.
# CONVITE FINAL

Parabéns, lindo humano! Você chegou ao fim deste livro e se equipou com conhecimentos transformadores sobre como viver no mundo como você foi Desenhado.

Embora não haja um exame final nestas últimas páginas, você *está* no maior teste de sua vida: continuar sua experiência no Desenho Humano além das páginas deste livro. A boa notícia é que, contanto que esteja tomando uma Ação Importante, este é um teste no qual não pode falhar.

Tudo o que compartilhei aqui neste livro é uma experiência para descobrir o que é verdadeiro para você, como é o Alinhamento para você e como expressar especificamente seu Desenho Humano para não ficar preso no primeiro estágio. Este material está aqui para ajudá-lo a criar sua vida. O modelo que o Desenho Humano fornece só funciona quando você se afasta da teoria e começa a construir algo, confiando que agora tem o que precisa para criar o que é destinado a você.

Lembre-se da minha própria história: aprender sobre meu Desenho foi só o primeiro passo. Não foi todo o *conhecimento* que ganhei sobre o Desenho Humano que me tornou bem-sucedida em todas as áreas da vida, foi a *implementação* dele. Foi tomar uma Ação Imperfeita. Foi aprender meu Tipo, minha Estratégia, minha Autoridade e meu Perfil, depois experimentar como minha energia funciona. Foi coletar dados, abandonar as coisas que não eram verdadeiras para mim ou que não funcionavam para mim, repetir e melhorar o que era.

E a minha experiência está longe de acabar — todos os dias eu continuo a tomar uma Ação Imperfeita, testar meu Desenho para permanecer em Alinhamento e continuar em direção à realização e à autenticidade, à medida que minha vida evolui.

Sua experiência também não acabou — espero que nunca acabe. Porque, no fim das contas, estamos todos Desenhados para experimentar: avançar, nos descobrir, dar passos ativos, tudo isso continuamente, para ter uma vida mais alinhada.

Você pode até dizer que a jornada em que está agora *é* o seu propósito. A jornada de se sentir preso, com medo, sem Alinhamento, infeliz, destruído ou solitário para tomar uma Ação Imperfeita contínua em direção a algo melhor — é o seu propósito e todos esses pontos negativos estão chamando você para isso. Todo o conhecimento neste livro, além da sua experimentação ativa, é o seu propósito — o que irá desbloquear a grandeza, o potencial em você, dando-lhe a abundância, a felicidade, o amor, o propósito que você deseja.

Então, meu caro, deixarei você com esta simples pergunta:

Estamos juntos?

# APÊNDICES

# APÊNDICE I: APROFUNDAMENTO

Este livro se chama *Desenho Humano Sem Complicação*. É um guia para transformar sua vida usando o Desenho Humano sem se perder na complexidade do seu mapa.

É o seguinte: quando você estiver *pronto*, ou seja, depois de colocar em ação tudo o que aprendeu neste livro, aprofundar-se na valiosa complexidade que seu mapa tem a oferecer pode ser muito divertido, extremamente envolvente e levá-lo a tantas transformações que você nem saberá o que fazer.

Afinal, seu Desenho é a marca do Universo inteiro em você — um indivíduo único, vivendo neste momento no tempo... O Universo e a experiência humana podem ser algo muito vasto e complicado. Isso significa que alguns detalhes mais minuciosos do seu Desenho simplesmente não são tão simples.

Acredito, por experiência própria, que você pode fazer seu experimento no Desenho Humano com sucesso baseado apenas nos elementos simples e fáceis que abordamos em profundidade neste livro: Tipo, Estratégia, Autoridade e Perfil. A orientação dada por esses elementos é mais do que suficiente para ajudá-lo a assumir a vida para a qual você foi Desenhado e que merece ter. Com o tempo, a Estratégia e a Autoridade sozinhas irão levá-lo ao seu eu mais autêntico.

No entanto, depois de passar as últimas duzentas páginas comigo, você não ficará surpreso em saber que também acredito que viver em Alinhamento com seu Desenho Humano seja uma experiência de evolução infinita — uma que sempre oferece novas oportunidades para a autodescoberta e o empoderamento.

Então, por que não se aprofundar? Por que não usar tudo o que você aprendeu até agora — essa base simples e fácil — como trampolim para estudar mais sobre você, alinhando-se mais profundamente com seu Desenho e seguir na pista expressa para ter a vida dos seus sonhos?

Se continuar a trabalhar com os elementos fundamentais deste livro é o que parece correto para você agora, confie nisso. Pare aqui com minha bênção total e saiba que estou muito animada para você lidar com os elementos que eu cobri até agora, pelo tempo que precisar, dominá-los em seu próprio tempo e transformar a si mesmo e a sua vida no seu próprio ritmo.

Entretanto, para aqueles cuja curiosidade pelo Desenho Humano acabou de ser despertada, recomendo levar sua experiência tão longe quanto for correto para o seu caso. Nas páginas seguintes, apresentarei alguns elementos mais profundos e poderosos que você pode adicionar à sua prática e seguir a direção dos recursos que conseguem apoiá-lo em seu aprendizado e experimento.

# PORTAS E CANAIS

No Capítulo 3, você aprendeu sobre os Centros do corpo e como cada um deles é a fonte de diferentes temas energéticos. Alguns desses Centros são definidos para você, o que significa que são uma fonte consistente de energia, e outros são indefinidos, o que significa que não são fontes consistentes de energia. Porém, há mais informação sobre como a energia flui por você do que apenas quais Centros são definidos ou indefinidos. Há todo um sistema de vias de energia que se move por você em certo momento, e suas Portas e Canais influenciam qual energia específica se move e se expressa por você.

## PORTAS

Portas são os números que você vê dentro de seus Centros no mapa. Existem 64 Portas no Desenho Humano — correspondendo aos 64 Hexagramas do I Ching ou o *Livro das Mutações* chinês — e cada uma tem um tema exclusivo.

As Portas operam como nossos genes — elas ligam e desligam, e se expressam de forma diferente, dependendo do ambiente.

Em termos simples, as Portas são específicas para os superpoderes, os temas, os dons, os talentos e até seus valores únicos.

## CANAIS

Os Canais são as linhas entre os Centros em seu mapa; alguns são coloridos (definidos) e outros não (indefinidos). Quando definidos, eles movem a energia pelos Centros por meio da conexão entre duas Portas. Quando as Portas são conectadas por um Canal, uma nova energia ou tema dentro do seu Desenho é revelado.

EXPERIMENTANDO PORTAS E CANAIS

Quando você estiver pronto para começar a aprender e experimentar suas Portas e seus Canais, confira este episódio do meu podcast [em inglês]:

www.emmadunwoody.com/blog/the-human-design-podcast-episode-270-hd-roadmap-part-9-gates-and-channels.

E para mais informações sobre as Portas, recomendo o livro de Richard Rudd, *The Gene Keys*. O trabalho de Rudd tem sido um companheiro constante no meu próprio aprofundamento no Desenho Humano e suas ideias têm um papel central no meu Modelo de Desenho Humano Transformacional.

# PLANETAS

Talvez você se lembre da introdução, onde falamos como seu mapa do Desenho Humano é gerado com base em onde os planetas estavam no céu na hora do seu nascimento. Isso significa que a localização dos planetas e de outros corpos celestes no céu no momento em que você veio ao mundo, e aproximadamente três meses antes de você nascer (isto é, quando sua alma entra no corpo, de acordo com o Desenho Humano), imprimiu suas energias em você e no seu Desenho. Conforme os planetas, a Lua e o Sol se movem pelo céu, eles continuam imprimindo sua energia em você, afetando como diferentes elementos do seu Desenho podem funcionar em momentos diversos (no Desenho Humano, referimo-nos a esses movimentos como Trânsitos).

Seu Desenho se baseia em um total de 26 ativações planetárias, 13 nas posições do Desenho e 13 nas posições da Personalidade (ao observar seu mapa, normalmente haverá 13 planetas à direita e 13 à esquerda).

Os planetas à direita são chamados de ativações da Personalidade e representam sua personalidade consciente; em outras palavras, quem você pensa que é.

Os planetas à esquerda são chamados de ativações do Desenho, ou do Corpo, e representam o propósito ou o destino da sua alma.

CADA PLANETA É ASSOCIADO A CERTO TEMA:

- Sol = Expressão da Personalidade/Força Vital;
- Terra = Aterramento/Equilíbrio;
- Lua = Força Motriz;
- Nodo Norte = Direção Futura/Ambiente;
- Nodo Sul = Direção Passada/Ambiente;
- Mercúrio = Comunicação/Pensamento;
- Vênus = Valores/Sociologia;
- Marte = Imaturidade/Dinâmica da Energia;
- Júpiter = Lei/Proteção;
- Saturno = Disciplina/O Juiz/Restrição;
- Urano = Singularidade/Caos e Ordem/Ciência;
- Netuno = Ilusão/Arte/Espiritualidade;
- Plutão = Verdade/Transformação/Psicologia;
- Quíron = O Curador Ferido/Principais Feridas (*não incluído em todos os mapas do Desenho Humano; se incluído, será o planeta na parte inferior em cada lado*).

Quando você estiver pronto para experimentar seus planetas, acompanhe a série regular de Trânsitos no meu podcast [em inglês]:

www.emmadunwoody.com/blog.

# CRUZ DE ENCARNAÇÃO

A Cruz de Encarnação identifica o trabalho que sua energia faz enquanto você segue sua vida — tendo consciência disso ou não.

Sua Cruz de Encarnação é composta pelas Portas no Sol da Personalidade/Terra da Personalidade, no Sol do Desenho/Terra do Desenho (são os números após os pontos decimais nos dois primeiros boxes em cada coluna Personalidade e Desenho em seu mapa) — você precisará dos quatro números dessas Portas nessa ordem para reconhecer sua Cruz de Encarnação exata. Ela também colabora muito para seu propósito nesta vida; lhe dará uma boa compreensão de quem você está aqui para ser e o que está aqui para fazer.

Sua Cruz não é algo que você tem que "fazer" conscientemente, é algo que você já é.

EXPERIMENTANDO SUA CRUZ DE ENCARNAÇÃO

Quando estiver pronto para começar a aprender e experimentar sua Cruz de Encarnação, confira este episódio do meu podcast [em inglês]:

www.emmadunwoody.com/blog/the-human-design-podcast-episode-268-the-human-design-roadmap-part-8-incarnation-cross-made-simple.

# QUATRO SETAS

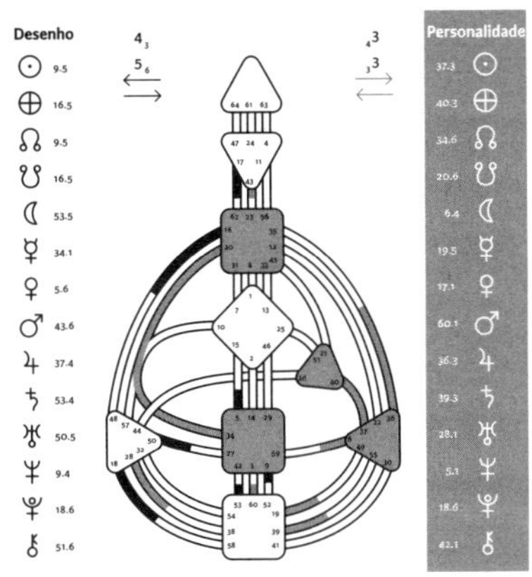


Muitas vezes chamadas de "Variáveis" ou "Quatro Transformações", as Quatro Setas no mapa oferecem mais detalhes sobre a sua experiência única no mundo.

Elas podem ajudá-lo a compreender os elementos maiores e menores de como você segue sua vida diária, e a orientação que elas fornecem o ajudará a continuar sua experiência para encontrar o que parece correto e alinhado no seu caso. Isso inclui informações sobre nutrição, ambiente, perspectiva, motivação, onde você está mais focado e onde é mais receptivo.

Você encontrará suas setas na parte superior à direita e à esquerda no seu gráfico corporal no mapa.

EXPERIMENTANDO AS QUATRO SETAS

Quando estiver pronto para experimentar as Quatro Setas, confira este episódio do meu podcast [em inglês]:

www.emmadunwoody.com/blog/the-human-design-roadmap-part-10-the-4-arrows.

# APÊNDICE II/MATERIAL EXTRA: AS 64 PORTAS

Nas páginas seguintes, você encontrará pequenos resumos para cada uma das 64 Portas no Desenho Humano. Essa referência se baseia em um guia que eu criei para os membros da minha Comunidade de Desenho Humano, HDX. Você não precisa trabalhar com as Portas para experimentar seu Desenho Humano de forma eficaz, mas aprender sobre as Portas em seu mapa pode ajudá-lo a aprofundar sua compreensão do Desenho, desvendar suas nuances e descobrir novos temas que passam pelos elementos do seu mapa. Quando, e se, estiver pronto para aprender mais sobre suas Portas, poderá consultar os resumos a seguir como referência sobre os temas gerais associados a cada uma.

## PORTA 1 — O CRIATIVO

Masculino. É uma energia que quer criar com grandeza e estilo único. É uma energia que quer chamar a atenção para si mesma. Teme não ter energia criativa, nada para criar e não ser vista por sua criatividade.

## PORTA 2 — O RECEPTIVO

Feminino. Esta energia fornece um profundo conhecimento ao seguir na direção certa para você. Atrai recursos e seu maior potencial é se deixar ir e confiar no caminho à frente conforme ele se desdobra, sabendo que ele sempre proverá. Teme não ter o que precisa na vida, por isso a mente tenta planejar com antecedência e se apressar para o que pensa precisar, em vez de confiar no Universo para apoiar e prover. O truque é saber receber.

## PORTA 3 – O COMEÇO

É a energia para criar calma e ordem no caos. Quando você teme o caos e/ou a mudança, não consegue ver o potencial, a estratégia, a ordem e o caminho que é seu talento natural. Permita que o caos seja possível para a estrutura e a inovação, e você dará os passos à medida que se apresentarem — tema e você permanecerá cercado pelo caos.

## PORTA 4 – SOLUÇÕES

É seu impulso natural para encontrar respostas, continuar investigando a questão até ter todas os retornos e soluções. Essa Porta é um pensador e pode ser um pensador *excessivo*. A mente teme não encontrar a resposta, então, sem resistir, pensa demais em sua busca, mas é somente quando você permitir que a resposta apareça, se mostre em sua mente calma e paciente, que ela surgirá.

## PORTA 5 – RITMOS FIXOS

Esta energia é puramente rítmica; é a batida que o move todos os dias. Ela ama os mesmos hábitos e rotinas todos os dias (para os homens) ou todos os meses (para as mulheres). O medo o leva a correr e forçar seu ritmo para se ajustar ou atender às expectativas das outras pessoas, mas você deve ser paciente consigo mesmo e confiar no seu próprio ritmo.

## PORTA 6 – CONFLITO

Esta energia quer se conectar com os outros; ela procura ter intimidade em todos os tipos de relacionamento e descobrir a pessoa que dará "match". Quando o medo ou a frustração estão presentes, a energia se manifesta como conflito, atrito para romper e se conectar com o outro.

## PORTA 7 – O EXÉRCITO

Esta energia é a capacidade natural de liderar e unir todos na mesma direção com um propósito em comum. No entanto, se você liderar antes de ouvir para onde as pessoas querem ir, então sua liderança não será poderosa. No medo, esta energia ignora o que os outros querem e dita a direção para eles. Para ser um grande líder, você deve aprender a ouvir primeiro.

## PORTA 8 – CONTRIBUIÇÃO

Esta energia oferece seu próprio estilo individual e sua criatividade ao mundo. Embora os outros adorem seguir as pessoas com esta energia, muitas vezes elas querem ficar sozinhas para fazer suas próprias coisas. Com medo, a pessoa se preocupa de que ser diferente a tornará um alvo, estranha ou rejeitada, então tenta se encaixar, ser como todos, mesmo que isso a consuma por dentro.

## PORTA 9 – FOCO

Esta Porta tem uma capacidade de focar algo profundamente; o desafio é que, se não tiver um objetivo grande e significativo, então esse foco será usado nas ações "erradas". Se alinhado com seu grande sonho, seu foco estará nas pequenas ações que o levarão até ele. Sem esse grande sonho significativo, seu foco irá mantê-lo preso nas pequenas coisas que não importam.

## PORTA 10 – AMOR-PRÓPRIO

É uma das energias do amor-próprio e do amor pelos outros. Muitas vezes, é a lição de aprender a amar e aceitar como você é em cada momento, e quando o faz, influencia os outros a fazerem o mesmo.

## PORTA 11 – IDEIAS

É a energia do fluxo criativo. As ideias fluem facilmente e com frequência. A armadilha é quando você acredita que tem que colocá-las todas em ação. Algumas ideias são para você, algumas são para dar às pessoas e outras estão só de passagem. Siga a sua Estratégia e a sua Autoridade para saber quais ideias colocar em ação.

## PORTA 12 – CAUTELA

Esta Porta é sobre o poder que você tem para mover as pessoas com suas palavras. No entanto, você deve estar no clima para ter inspiração. Quando está, a conversa e a conexão fluem facilmente, mas se não está no clima, suas palavras podem mover as pessoas na direção errada.

## PORTA 13 – O OUVINTE

A energia desta porta faz com que os outros se sintam profundamente seguros ao compartilhar suas histórias mais íntimas, seus medos e traumas. Você pode se surpreender com a rapidez com que as pessoas compartilham essas coisas com você, mas quando compartilham, você as guarda para si.

## PORTA 14 – HABILIDADES PODEROSAS

É a energia de ter habilidades únicas. Você é bem pago por seus dons individuais e recebe um bom dinheiro por eles. Mas ao fazer concessões e trabalhar da forma como os outros lhe dizem para fazer, a fonte do dinheiro seca.

## PORTA 15 – A PORTA DOS EXTREMOS

Esta energia é sobre o momento certo. Há sempre o momento certo na natureza — um tempo para nascer, viver, morrer, e tudo ao longo desta jornada. Você segue seu próprio ritmo, em seu próprio tempo e confia que mesmo que não pareça lógico para os outros, não precisa ser, contanto que pareça correto para você.

## PORTA 16 – ENTUSIASMO

É a energia de dominar mais de uma coisa. É o entusiasmo para desenvolver o domínio por meio da repetição em mais de uma área.

## PORTA 17 – OPINIÕES

É a energia mental das opiniões, o desejo de compartilhar as próprias opiniões da sua experiência de vida. Esta energia quer ser compartilhada. Mas não se apegue às suas opiniões, porque, por definição, elas são destinadas a mudar conforme você vive e aprende. Esteja aberto à possibilidade de que as coisas que os outros têm para compartilhar podem mudar sua opinião.

## PORTA 18 – CORREÇÃO

É uma capacidade de ver os padrões que precisam ser atualizados para ter mais alegria na vida, para experimentar a perfeição encontrada apenas na natureza. Esteja ciente de que essas correções precisam ser convidadas. Quando não são, podem não ser bem recebidas pelos outros.

## PORTA 19 – SENSIBILIDADE

É a energia dos sensitivos, das pessoas sintonizadas com as energias e as necessidades sutis de todos os seres vivos. Você tem um dom com os animais e a natureza, e pode se comunicar com toda forma de vida com frequência. Esteja ciente de que, quando estiver com medo, você cuidará das necessidades dos outros, mas não das suas.

## PORTA 20 – O AGORA

É a energia de ter consciência do momento presente e do que está nele. É a capacidade de recorrer à sabedoria compartilhada na lacuna entre o futuro e o passado, o pensamento e a ação. Mas se estiver muito preso à mente, perderá o dom que existe para você no momento presente.

## PORTA 21 – O CAÇADOR/CAÇADORA

É a energia de estar no controle dos seus recursos. Você tem um dom com gestão de dinheiro e determinação para ter sucesso. No entanto, se você se tornar controlador, afastará das pessoas ao redor.

## PORTA 22 – ABERTURA

Esta energia pode facilmente circular pelo ambiente quando está no clima. É graciosa, social e encantadora, com a capacidade de mover as pessoas com suas palavras. No entanto, se não está no clima, suas palavras podem ter o efeito oposto muito rapidamente.

## PORTA 23 – ASSIMILAÇÃO

Esta energia pega seus *insights* únicos e os traduz em linguagem. É a capacidade de pegar informações complexas e torná-las simples para os outros receberem. Mas se você não reserva um tempo para reunir seus pensamentos antes de falar, sua comunicação ficará desnecessariamente complicada.

## PORTA 24 – RACIONALIZAÇÃO

É a energia para pensar sobre algo repetidas vezes até chegar a um novo conceito. O pensamento identifica como transformar inspiração em ação. Mas não se prenda a esse padrão de pensamento repetitivo ou ficará em um ciclo infinito sem progredir.

## PORTA 25 – ESPÍRITO

É a energia do amor incondicional, do amor universal e do eu superior. Você tem o potencial de ser um poderoso guerreiro espiritual, mas deve se render ao espírito e não ficar preso à mente, querendo converter todos em sua jornada. Confie que as pessoas têm um amor incondicional dentro delas e irão encontrá-lo em seu próprio tempo.

## PORTA 26 – EGOÍSMO

É a energia para persuadir os outros e a capacidade de resistir à rejeição. Tenha cuidado para que esta energia não se transforme em manipulação, use sua capacidade natural de falar e persuadir para atos genuínos de serviço.

## PORTA 27 – NUTRIÇÃO

Esta energia é do apoio materno e carinho, cuidar das necessidades da família ou do grupo. Esteja ciente de que você pode renunciar às suas próprias necessidades de carinho e cuidado se usar esse dom para valorizar a sua autoestima na família ou no grupo. Você merece carinho e cuidado sempre que precisar.

## PORTA 28 – LUTA

Todas as pessoas são condicionadas a pensar que estamos aqui para lutar, mas esta energia nos mostra que é uma escolha. Tal Porta busca um significado maior na luta e, ao fazê-lo, a vida muda de luta para realização.

## PORTA 29 – COMPROMISSO

É a energia de saber o que é ou não correto para você se comprometer. Pode parecer sorte, mas, na verdade, é o Universo lhe dando tudo o que precisa para tornar seu compromisso uma realidade. Esteja ciente de que você pode acabar dizendo "sim" para muitas coisas ou para as coisas erradas a fim de agradar aos outros. Isso com o tempo levará ao burnout, então aprenda a dizer "não".

## PORTA 30 – DESEJO

É a energia emocional que quer ser expressa. Ela o leva a ter experiências emocionais para atender aos seus desejos. É tudo sobre tempo; se esperar pelo momento correto, terá experiências emocionais satisfatórias.

## PORTA 31 – LIDERANÇA

É a energia do líder nato. Você sabe, por natureza, qual caminho seguir e tem uma voz poderosa para articular. No entanto, essa liderança deve ser democrática. Ouça para onde os outros querem que você os guie antes de verbalizar, caso contrário, ninguém irá segui-lo.

## PORTA 32 – CONTINUIDADE

É a energia que o leva a avaliar constantemente o foco para decidir o que precisa ficar e o que precisa ir, para mover algo rumo ao sucesso. Você vê o potencial nas pessoas e em tudo em que está focado. No entanto, o medo do fracasso pode impedi-lo de deixar ir ou tomar uma ação. Lembre-se de que não existe fracasso, apenas feedback.

## PORTA 33 – PRIVACIDADE

É a energia de um grande ouvinte, alguém que os outros procuram para compartilhar seus segredos mais profundos, medos e traumas. As pessoas o procuram porque você parece seguro e elas sentem que você guardará seus segredos. Você precisa de seu próprio recolhimento, sua privacidade, para absorver e internalizar todas as histórias compartilhadas.

## PORTA 34 – PODER

É a energia do multitarefas natural e da pessoa com várias paixões. Você tem um grande poder dentro de si, que lhe dá a capacidade de fazer grandes coisas, aprender rápido e se integrar depressa. Mas se assume muitas coisas, fica esgotado e perde a capacidade mágica de ser extraordinário.

## PORTA 35 – MUDANÇA

É a energia de ser conduzido pela curiosidade inquieta e pelo desejo de explorar novos horizontes. Esta Porta o leva a compartilhar suas experiências. Você precisa senti-las, dividi-las e dominá-las, ganhar sabedoria e continuar aprendendo com elas.

## PORTA 36 – CRISE

Esta energia atrai experiências emocionais que parecem crises. Essas experiências capturam o que é ser humano. Você tem um dom para a resiliência e pode passar pelos desafios com uma profundidade inigualável.

## PORTA 37 – AMIZADE

É a energia que quer igualdade para todos. Você é o amigo por quem os outros se sentem atraídos e seguros. Você tem talento para reunir grandes comunidades. Mas precisa se sentir igual dentro dessas comunidades ou amizades, e que tudo o que dá, também recebe.

## PORTA 38 – O LUTADOR

Esta energia traz o guerreiro interior para a superfície. O desafio é que ela deve ser focada externamente em algo com grande significado, do contrário o levará à autodestruição.

## PORTA 39 – PROVOCAÇÃO

É a energia de cutucar a onça para ver o que acontece, de provocar algo. A provocação leva à experimentação, à inovação e à transformação. É a energia da criança em um tanque de areia vendo se pode construir o castelo mais alto, maior e melhor. Esteja ciente de que a provocação sem motivo é apenas uma cortina de fumaça para o seu medo.

## PORTA 40 – SOLIDÃO

É a energia de uma pessoa que ama o seu trabalho e prover a família/comunidade/grupo. Você tem o poder que o mantém criando até que seus objetivos se manifestem. No entanto, quando consegue, precisa de um tempo sozinho para se recuperar.

## PORTA 41 – FANTASIA

É a energia do sonhador, de alguém que tem imaginação ativa e talento para dar vida às suas visões. Sua imaginação irá levá-lo a experiências incríveis e a capacitar os outros para sonharem grande e acreditarem nas possibilidades. Mas você deve trazer essas fantasias para a realidade ou correrá o risco de se perder em sua mente e nunca fazer seus sonhos se manifestarem.

## PORTA 42 – CRESCIMENTO

Esta energia entende quando os ciclos devem ser repetidos ou não. É a capacidade de saber o que precisa ser liberado e o que precisa se repetir para expandir. No entanto, a mente pode ter medo de deixar ir porque vê o fim de um ciclo como morte. Lembre-se de que nessa morte há também um nascimento, e é o que essa energia produz.

## PORTA 43 – *INSIGHT*

É uma energia mental, de percepção, inspiração e inovação. É sentida como um saber imediato. Suas percepções o levarão por um novo caminho ou nova forma de fazer e ser. Quanto mais ouvir, mais *insights* terá. No entanto, se forem ignorados, você logo ficará surdo para eles.

## PORTA 44 – PADRÕES

É a energia para ver os padrões que levam adiante a raça humana. Você tem uma memória profunda do passado e do que não deu certo. Você é intuitivamente guiado a criar padrões melhores para que possamos passar da sobrevivência à prosperidade. Não permita que sua mente fique presa ao passado; seu dom está em construir nosso futuro.

## PORTA 45 – AGRUPADOR

Esta Porta tem a capacidade de acumular grandes riquezas. Quer seja abundância nos relacionamentos, quer seja riqueza financeira, física ou emocional, você é um líder natural e uma autoridade. Você tem uma voz poderosa para se manifestar, então tenha cuidado com o que fala, porque isso se divulgará rapidamente.

## PORTA 46 – DETERMINAÇÃO DO EU

É a energia de estar no lugar certo na hora certa, e requer que você ouça seu corpo para identificar quando o momento parece correto. Sua energia é contagiante quando você está em Alinhamento, mas se não estiver ouvindo ou seguindo a orientação do seu corpo, perderá a serendipidade e a orientação universal.

## PORTA 47 – REALIZAÇÃO

É a energia do "momento de revelação". Esta energia altamente visual herdou os padrões e o carma das gerações anteriores. Você tem a capacidade de processar uma grande quantidade de informação mental para ajudá-lo a alcançar uma realização. Se você se pressionar por uma resposta, então a realização não virá, por isso, renda-se ao processo e permita que a realização apareça quando estiver pronto.

## PORTA 48 – PROFUNDIDADE

É a energia das profundezas dentro de você. Quando acessá-las, terá uma abundância de soluções e sabedoria para compartilhar, mas você também pode ter um medo enorme do que pode encontrar nessas profundezas. Você teme ser inadequado. Isso não é verdade — você tem uma grande profundidade que precisa ser compartilhada.

## PORTA 49 – REVOLUÇÃO

É a energia que sustenta os princípios dentro de uma relação, uma família ou um grupo. Você garante que outros mantenham os padrões também. Mas quando os princípios não funcionam mais ou não refletem a família/comunidade, então é hora de iniciar uma revolução. Você pode ser muito "preto no branco", levando-o a sair de um relacionamento ou um grupo prematuramente.

## PORTA 50 – VALORES

É a energia de injetar os valores certos nos outros. É sobre condutas familiar e social, as leis não escritas e as regras de ser parte da família ou da comunidade. Você tende a assumir muita responsabilidade para garantir que os outros estejam à altura desses valores.

## PORTA 51 – CHOQUE

É a energia do choque, com o propósito de acordar os outros. Muitas vezes, você não entenderá por que os outros estão chocados com suas palavras, mas é porque sua energia os move para uma consciência mais elevada. Você pode achar que é competitivo com os outros ou eles são com você, mas não deixe isso atrapalhar seu caminho único.

## PORTA 52 – QUIETUDE

É a energia da quietude e da orientação que chega a você na quietude. Não se trata de estar inativo, mas profunda e ativamente quieto — como um mestre de meditação. Você tem uma capacidade única de ficar em silêncio e concentrado, mas veja se está se concentrando nas coisas certas para seguir em direção aos seus sonhos.

## PORTA 53 – COMEÇOS

É a energia dos novos começos. Ela o guia para saber quais coisas começar e expandir com grande poder. Quando você faz sua escolha por amor e não por medo, pode ser imbatível. Mas se escolher o medo, começará muitas coisas, mas nunca expandirá nenhuma delas.

## PORTA 54 – AMBIÇÃO

É a energia de seguir sua ambição e permitir que ela o guie para um grande sucesso e realização. Você tem a capacidade de ter sucesso nas coisas que têm significado para você. Esteja ciente de que, se permitir que sua ambição conduza sua ganância, poderá ter dinheiro, mas se sentirá profundamente insatisfeito.

## PORTA 55 – ABUNDÂNCIA

É a energia da verdadeira abundância. Esta Porta oferece a liberdade de ser você e de atrair abundância em todas as coisas boas. Você é uma pessoa temperamental — lidar com as ondas emocionais faz parte da vida. Quando se entregar ao seu verdadeiro espírito, encontrará beleza em todas as emoções que experimenta.

## PORTA 56 – ESTÍMULO

É a energia do contador de histórias. Ela o leva a compartilhar as ideias e as experiências que lhe foram contadas. Você precisa de equilíbrio entre estar pouco e muito estimulado.

## PORTA 57 – INTUIÇÃO

É a energia do intuitivo. Quanto mais você ouve e age de acordo com sua intuição, mais ela fica alta. Com a prática, você terá imagens do futuro. Mas se temer o futuro, então seu dom não alcançará seu maior potencial.

## PORTA 58 – ALEGRIA

É a energia de corrigir qualquer coisa que esteja no caminho da beleza e da alegria. É uma energia do bem-estar. Sua energia atrai muito os outros e você ama estar cheio de vitalidade. Alegria e beleza são vitais para você prosperar; não diminua a importância dessas qualidades.

## PORTA 59 – INTIMIDADE

É a energia da intimidade nos relacionamentos. É a energia da força vital que une duas pessoas. Você precisa reservar um tempo para saber se confia em um relacionamento; você pode desconfiar dos relacionamentos por ter apressado o processo no passado. Você é magnético e pode ter momentos românticos, mas precisa desacelerar e permitir que a intimidade cresça organicamente.

## PORTA 60 – LIMITAÇÃO

É a energia de romper os limites percebidos. Quando você achar que tem bloqueios e falta de oportunidade ou recursos, será levado a superar suas limitações. Não imponha limitações a si mesmo; em vez disso, pergunte como as limitações percebidas podem ajudá-lo a ter sucesso.

## PORTA 61 – MISTÉRIO

É a energia para descobrir verdades universais, questionar tudo e descobrir os mistérios do nosso Universo. Você quer conhecer a si mesmo, e toda a vida, em seu nível mais profundo. Essa busca pela verdade pode fazer com que perca sua conexão com a realidade, então fundamente o que você descobre em sua vida real.

## PORTA 62 – DETALHE

É a energia que pode nomear, concretizar e comunicar padrões visuais. Você organiza detalhes como fatos para entender e explicar conceitos complexos. Esses conceitos precisam ser criados com uma mente aberta e flexível disposta a melhorá-los quando mais detalhes são recebidos, caso contrário, você ficará preso em minúcias sem importância.

## PORTA 63 – DÚVIDA

É a energia que identifica inconsistência e fraqueza nos padrões que levam a vida adiante. Essa habilidade pode criar dúvida em sua mente porque você sabe que há um jeito melhor. Pode demorar para descobrir a melhor maneira, e o processo precisa acontecer em seu próprio tempo. Cuidado com a insegurança que pode se infiltrar quando você ainda está para concretizar novos padrões.

## PORTA 64 – CONFUSÃO

É a energia de dar um tempo para deixar surgir e entender as inúmeras informações universais que você recebe. Você tem a capacidade de compreender muitas informações, mas, ao se sentir pressionado para entendê-la antes de estar pronto, a confusão prevalecerá.

# ÍNDICE

# AGRADECIMENTOS

Foi um presente escrever este livro e eu fui muito apoiada por algumas pessoas brilhantes. Minha amiga Jenni Crowther, por iniciar inesperadamente este sonho. Jane Graham Maw e Amy O'Shea, que ajudaram a fechar o contrato do meu livro. Sam Jackson e sua equipe na Ebury, que o concretizaram.

Chelsea Pippin foi incrível ao organizar o extenso conteúdo para que pudéssemos transformá-lo neste livro; seu apoio e experiência em todo o processo foram incríveis, obrigada pela guarda compartilhada deste bebê — o livro.

Amanda Foley, minha diretora de relações públicas e amiga. Obrigada por seu jeito brilhante e por garantir que este livro seja compartilhado com o mundo inteiro.

Taylor, meu COO e mais querido amigo, sempre gerenciando todos os detalhes (e me gerenciando) para que pudéssemos criar algo extraordinário, e toda a minha equipe, por ser tão incrível.

Meus meninos Cooper e Oscar, meus grandes amores, obrigada por me escolherem e me inspirarem a ser o melhor eu que posso. Que o conteúdo deste livro continue permitindo que vocês tenham uma vida livre e autêntica.

# SOBRE A AUTORA

Emma Dunwoody é especialista em Desenho Humano, *master coach*, especialista em comportamento e apresentadora do primeiro *Global Human Design Podcast*. Ela desperta as pessoas para o poder dentro delas usando seu método exclusivo, chamado *Transformational Human Design*™, um sistema de autoconhecimento e orientação diferente de qualquer outra coisa que existe. Sua visão é popularizar o Desenho Humano para que seja mais amplamente aceito do que qualquer outro sistema global de perfil, comportamento ou cura — ela acredita que transformará o desenvolvimento pessoal, a educação e os negócios para sempre.